U0743611

电力营销
一线员工作业一本通

营业窗口（第二版）

本书编委会　编

中国电力出版社
CHINA ELECTRIC POWER PRESS

内 容 提 要

　　本书为"电力营销一线员工作业一本通"丛书之《营业窗口》分册，着重围绕服务规范、日常运营、作业规范、应急应答四个方面，依据《国家电网公司供电客户服务提供标准》、《国家电网公司营业厅建设标准手册》中A级营业厅标准，将供电营业厅的日常管理固化为全程引导八大典型服务、"五要五不要"等。

　　本书可供电力营销基层管理者和一线员工培训和自学使用。

图书在版编目（CIP）数据

　　营业窗口 /《营业窗口》编委会编 . —2版 . —北京：中国电力出版社，2016.7（2020.12重印）

　　（电力营销一线员工作业一本通）

　　ISBN 978-7-5123-9475-9

　　Ⅰ . ①营… 　 Ⅱ . ①营… 　 Ⅲ . ①电力工业－市场营销学 　 Ⅳ . ①F407.615

　　中国版本图书馆CIP数据核字（2016）第140787号

中国电力出版社出版、发行

（北京市东城区北京站西街19号　100005　http://www.cepp.sgcc.com.cn）

北京瑞禾彩色印刷有限公司印刷

各地新华书店经售

＊

2013年4月第一版

2016年7月第二版　2020年12月北京第十次印刷

787毫米×1092毫米　32开本　6.75印张　141千字

定价40.00元（含1光盘）

丛书序

　　国网浙江省电力公司正在国家电网公司领导下，以"两个率先"的精神全面建设"一强三优"现代公司。建设一支技术技能精湛、操作标准规范、服务理念先进的一线技能人员队伍是实现"两个一流"的必然要求和有力支撑。

　　2013年，国网浙江省电力公司组织编写了"电力营销一线员工作业一本通"丛书，受到了公司系统营销岗位员工的一致好评，并形成了一定的品牌效应。2016年，国网浙江省电力公司将"一本通"拓展到电网运检、调控业务，形成了"电网企业一线员工作业一本通"丛书。

　　"电网企业一线员工作业一本通"丛书的编写，是为了将管理制度与技术规范落地，把标准规范整合、翻译成一线员工看得懂、记得住、可执行的操作手册，以不断提高员工操作技能和供电服务水平。丛书主要体现了以下特点：

目 录

丛书序

前言

本书为"电力营销一线员工作业一本通"丛书之《营业窗口》分册，着重围绕服务规范、日常运营、作业规范、应急处理四个方面，依据《国家电网公司供电客户服务提供标准》、《国家电网公司营业厅建设标准手册》中A级营业厅标准，将供电营业厅的工作固化为全程引导八大典型服务、"五要五不要"等。特别指出的是，由于营业厅建设和配置等各方面的原因，B、C、D级营业厅可参考应用。

　　本书的编写得到了杨永香、赵刚、余文元、邵海磊等专家的大力支持，在此谨向参与本书编写、研讨、审稿、业务指导的各位领导、专家和有关单位致以诚挚的感谢！

　　由于编者水平有限，疏漏之处在所难免，恳请各位领导、专家和读者提出宝贵意见。

本书编写组

2016年6月

前　言

为全面践行国家电网公司"四个服务"的企业宗旨，进一步强化电力营销基层班组的基础管理，提高电力营销基层员工的基本功，持续提升供电服务水平，一批来自于电力营销的基层管理者和业务技术能手，本着"规范、统一、实效"的原则，编写了"电力营销一线员工作业一本通"丛书。

本丛书编写组结合电力营销专业各岗位的特点，遵循电力营销有关法律、法规、规章、制度、标准、规程等，紧扣营销实际工作，从岗位的服务规范、作业规范、应急处理、日常运营、故障分析处理等出发，编写了本丛书，并开展了审核、统稿、专家评审等工作。

在编写过程中，编写组还通过一边编写一边实训的方式，带动和培养了一批优秀的技能人才。同时，不断提炼完善，自编、自导、自演了配套的视频教材，使得该套丛书具有图文并茂、通俗易懂、方便自学等特点，得以在基层员工中落地开花。

一是内容涵盖全，业务流程清晰。其内容涵盖了营销稽查、变电站智能巡检机器人现场运维、特高压直流保护与控制运维等近30项生产一线主要专项业务或操作，对作业准备、现场作业、应急处理等事项进行了翔实描述，工作要点明确、步骤清晰、流程规范。

二是标准规范，注重实效。书中内容均符合国家、行业或国家电网公司颁布的标准规范，结合生产实际，体现最新操作要求、操作规范和操作工艺。一线员工均可以从中获得启发，举一反三，不断提升操作规范性和安全性。

三是图文并茂，生动易学。丛书内容全部通过现场操作实景照片、简明漫画、操作流程图及简要文字说明等一线员工喜闻乐见的方式展现，使"一本通"真正成为大家的口袋书、工具书。

最后，向"电网企业一线员工作业一本通"丛书的出版表示诚挚的祝贺，向付出辛勤劳动的编写人员表示衷心的感谢！

国网浙江省电力公司总经理　肖世杰

Part 4 　应急应答篇 　>>

Part 2　日常运营篇　>>

Part 3　作业规范篇　>>

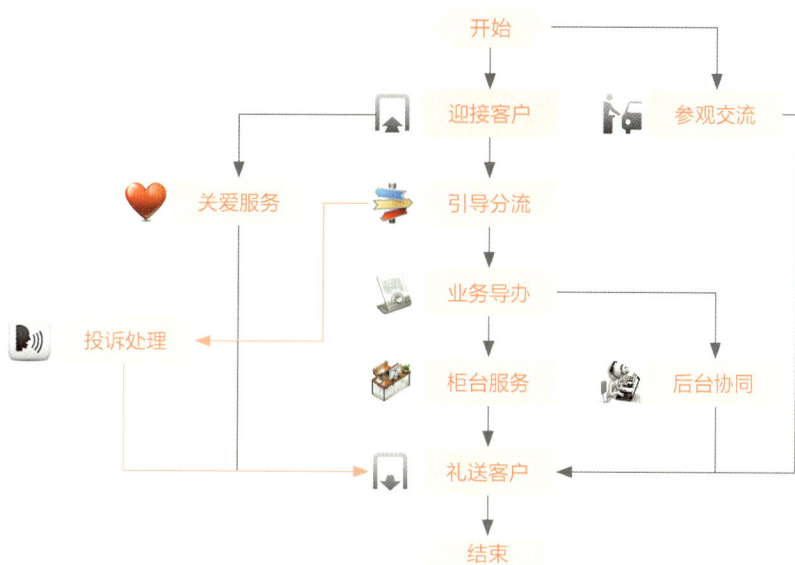

营业厅服务全程引导示意图

Part 1

服务规范篇 >>

　　服务规范篇主要针对供电营业厅日常营业过程中，工作人员的服务内容、步骤及服务要点进行详细阐述，旨在规范营业厅工作人员的服务形象、服务礼仪及服务协同工作，提高营业厅的服务质量。

　　本篇以全程引导服务为主线，从迎接客户开始，到礼送客户结束，对营业厅迎送服务、引导分流、业务导办、柜台服务、投诉处理、后台协同、关爱服务、参观交流等八大典型服务内容与要求进行了描述，为营业厅全方位服务提供了参考依据。

1　2　3　4

一 迎送服务

客户抵达和离开营业厅时，营业人员应按照接待礼仪规范做到主动迎接、礼貌恭送。

（一）开门迎客

每天早晨开门营业时，营业人员应以饱满的热情，列队站立迎接第一批客户。

注意事项

√ 业务受理员、收费员在柜台内站立；

√ 其他营业人员在大门两侧45°侧身站立。

第一批客户进入营业厅时，前台营业人员应行接待礼，齐声致问候语。

注意事项

√ 站姿标准，行15°或30°鞠躬礼，大门两侧营业人员配合135°迎宾手势；

√ 微笑自然得体；

√ 问候时声音洪亮，整齐划一。

话术示例

√ 话术1："您好！"

√ 话术2："早上好，请进！"

√ 话术3："早上好，欢迎光临！"

（二）礼送客户

当客户离开营业厅时，引导员应礼貌送别。

注意事项

√ 行15°或30°鞠躬礼，礼貌
　恭送；

√ 提醒客户携带好随身物品。

话术示例

√ 话术1："请带好您的随身
　物品！"

√ 话术2："请慢走，再见！"

二 引导分流

客户进入营业厅，引导员应主动询问客户需求，根据营业厅现场情况对客户进行引导、分流。

（一）问候并了解客户需求

引导员主动上前问候客户，询问客户需求。

工作内容及注意事项

√ 主动上前迎接客户；

√ 问好并行15°或30°鞠躬礼；

√ 准确了解客户需求；

√ 态度诚恳，语言亲切。

话术示例

√ 话术1："您好，请问您需要办理什么业务？"

√ 话术2："您想办理××业务，对吗？"

（二）引导取号

在确认客户需求后，引导员为客户准确取号。

注意事项

√ 取号时，应站在客户一侧；

√ 双手递送叫号单。

话术示例

√ 话术1："这是您的叫号单，请您到业务待办区等候，留意叫号。"

三 业务导办

客户取号后，引导员应根据客户所办业务内容，进行业务导办。

注意事项

√ 行走时应走在客户的侧前方，使用引导礼，用外侧手为客户指引方向；

√ 时时关注客户并及时归位，不出现无引导状态；

√ 有条件的营业厅可采用双引导员模式。

（一）业务办理区/收费区

引导员根据客户所办业务指引客户到相关柜台办理，并做好岗位联动。

工作内容及注意事项

√ 当客户办理的业务较为复杂时，引导员在指引客户到相应柜台后，应向柜台营业人员交代清楚客户需求。

话术示例

√ 话术1："您好，请坐！"

√ 话术2："由××号营业人员为您服务。"

9

（二）业务待办区

引导员引导客户至填单台，指导客户进行填单。

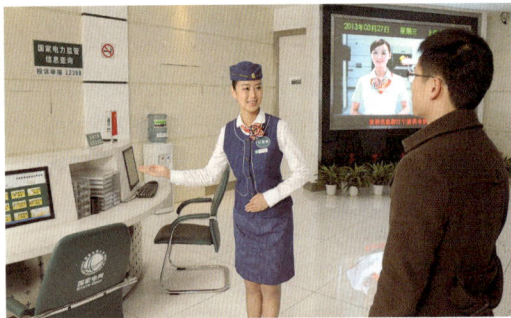

√ 使用指示礼和引导礼；
√ 面带微笑，态度真诚亲切；
√ 递单时，单据的文字或图形正对客户，双手递送；
√ 递送签字笔时，笔尖朝内；
√ 提供客户业务对应的表单样本；
√ 必要时可代为填写，切忌代客户签名。

话术示例

√ 话术1："麻烦您到这边填写一下××单。"
√ 话术2："请您确认后签名。"

递送表单

递送签字笔

指导填单

客户填单结束后，如还未叫号或在等候时间较长的情况下，引导员应引导客户至业务待办区等候，提醒客户留意叫号，并适时进行业务宣传和推广。

提醒客户关注叫号显示屏

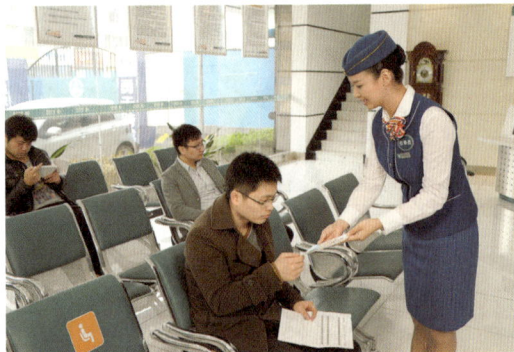

业务推广

工作内容及注意事项

√ 如营业厅内等候客户较多，应主动做好客户情绪安抚工作，维持营业秩序；
√ 适时进行业务推广工作，宣传电力相关知识；
√ 为客户进行阅读指示时，行指导礼。

话术示例

√ 话术1："您好！您前面等候的人数有××，请您耐心等待，留意不要过号。"
√ 话术2："您好，这是我们最新的××业务宣传资料，请您先了解一下。"

（三）洽谈区

大客户来访时，引导员应及时引导至洽谈区，并安排专人提供"一对一"服务。

工作内容及注意事项

√ 通知营业厅主管和相关接待人员；

√ 及时为客户倒茶递水；

√ 做好引荐工作。

话术示例

√ 话术1："请喝茶！"

√ 话术2："请稍等，我马上为您联系我们主管。"

（四）展示区

当客户咨询相关用电资讯时，应引导客户至展示区进行介绍。

注意事项

√ 面带微笑、口齿清晰、语气亲切；

√ 注意控制时间，以免客户过号；

√ 耐心解释，直到客户了解清楚。

话术示例

√ 话术1："您好，这里有相关的用电资讯……"

（五）客户自助区

客户业务可使用自助设备办理时，应引导客户至自助设备办理。

注意事项

√ 辅助客户使用自助设备；

√ 耐心、详细地介绍操作流程，讲解时面带微笑，语气亲切；

√ 使用通俗易懂的表达方式，避免使用生僻的专业性词汇。

话术示例

√ 话术1："您可以在自助设备上办理，更快更方便！"

√ 话术2："您可以这样操作，如有不清楚的地方，请随时咨询我。"

四 柜台服务

（一）柜台迎接

当客户走近柜台，营业人员应起身相迎，礼貌示坐。

工作内容及注意事项

√ 客户走近柜台时，营业人员应立即暂停手中工作，起身相迎；

√ 微笑问候，礼貌示坐；

√ 待客户落座后，柜台营业人员方可落座。

话术示例

√ 话术1："您好，请坐！"

（二）确定客户需求

客户入座后，营业人员应主动询问客户所需办理的业务类型。

注意事项

√ 面带微笑，主动询问客户需求；

√ 仔细聆听客户需求，复述客户
  需求进行确认；

√ 如未能清晰理解客户需求，应
  礼貌请求客户重述并致谢；

√ 忌随意打断客户讲话。

话术示例

√ 话术1："您好，请问您需要办
  理什么业务？"

√ 话术2："您是需要办理××业
  务，对吗？"

（三）业务办理/收费服务

　　客户提交业务资料后，营业人员按照客户所需办理的业务类别，审核客户信息及资料。收取现金时，收费员应做到"唱收唱付"。

工作内容及注意事项	话术示例
√ 如客户资料欠缺，应将"用户申请缺件通知书"提交客户，待补充完善所有资料后再予办理； √ 面带微笑，双手递接资料（票据）； √ 仔细核实客户信息及资料，认真审查表单(票据)； √ 接受现金时应识别真伪； √ 遵循"唱收唱付"，避免错收费用，并提醒客户保存票据； √ 仔细倾听，不随意打断客户讲话； √ 业务办理过程中，为保持与客户时时互动，在不影响业务办理进度的情况下，可递送相关业务宣传折页以供客户阅读； √ 避免因服务态度、服务质量、工作质量引起的客户投诉。	√ 话术1："请稍等，马上为您办理。" √ 话术2："很抱歉，您还需要提供以下资料才能办理这项业务。谢谢您的配合！" √ 话术3："请您确认业务办理信息，并在这里签字以确认。" √ 话术4："您好，您的应交金额为××，收您××，找您××。这是您的发票和找零，请您收好！" √ 话术5："您的××业务已办理完毕，请问还需要办理其他业务吗？" √ 话术6："您好，这是我们的最新宣传资料。您可以了解一下。"

接收客户资料

请客户签字确认

唱收唱付，提醒客户保存票据

（四）咨询

客户咨询用电业务办理、供电法律法规时，柜台营业人员应提供相关资料，认真讲解。

工作内容及注意事项

√ 认真倾听、不随意打断客户讲话，详细记录并确认客户的咨询内容；

√ 如未能理解客户需求时，应礼貌请求客户复述，并致谢；

√ 对客户描述的内容，复述确认；

√ 正确回答、耐心解释；

√ 如无法现场回复客户问题，请客户留下联系方式，确认后及时回复，切忌随意回复，敷衍了事。

话术示例

√ 话术1："您好，这是业务办理指南，如有什么问题，您可以咨询我们。"

√ 话术2："您好！您所咨询的问题是这样的……请问我讲解清楚了吗？"

（五）满意度评价

柜台营业人员完成客户业务办理后，应邀请客户对服务做出评价。

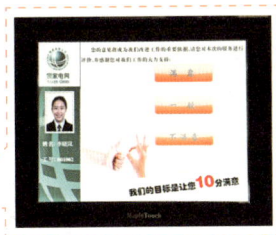

工作内容及注意事项

√ 礼貌指引客户；

√ 服务满意度评价应遵循客户自愿原则；

√ 对客户的评价表达谢意。

服务话术

√ 话术1："请您对我本次服务进行评价……
谢谢您的配合！"

21

（六）柜台送离

客户完成业务办理离开柜台时，柜台营业人员应起身礼送，微笑道别。

工作内容及注意事项

√ 主动询问并确认客户是否需要办理其他业务；

√ 起身行15°或30°鞠躬礼。

话术示例

√ 话术1："请带好您的随身物品，请慢走，再见。"

五 投诉处理

营业厅发生客户投诉时，应在第一时间将客户引导至洽谈室，以免影响营业厅正常运营秩序。

（一）安抚客户

客户进入洽谈室后，营业人员应立即汇报营业厅主管，安抚客户情绪并递送茶水。

注意事项

√ 态度诚恳，语言亲切，避免客户情绪激化，忌在主管到来前让客户独处；

√ 适时递送茶水。

话术示例

√ 话术1："您好，请您到洽谈室稍坐，我们主管马上为您处理。这边请。"

√ 话术2："您好，请坐。"

√ 话术3："您好，请用茶。"

（二）处理投诉

营业厅主管应在了解情况后立刻出面，安抚客户情绪，协商解决方案。

注意事项

√ 首先安抚客户情绪；

√ 认真倾听客户意见；

√ 提出解决方案，征求客户意见，取得客户认可；

√ 应对处理结果进行跟踪，适时回访，注意处理时限。

话术示例

√ 话术1："很抱歉，给您造成不便。我们将马上为您处理。"

√ 话术2："我非常理解您的心情，我一定会竭尽全力为您解决。"

√ 话术3："根据您的实际情况，我们的解决方案是这样的……您看是否合适？"

√ 话术4："您好！我是××，请问上次××事情的处理方案您满意吗？"

六 后台协同

后台安排专职人员负责电话接听、业务预约等，为前台提供服务支撑。

注意事项

√ 接听电话时应首先自我介绍，语气亲切，语速适中；

√ 铃响三声内接听，超过三声应致歉；

√ 接听时应认真聆听、热情解答，重要内容应重复确认并记录；

√ 客户预约服务时间应及时、准确告知前台工作人员。

话术示例

√ 话术1："您好，这里是××供电营业厅，很高兴为您服务，请问有什么可以帮到您？"

√ 话术2："您预约的业务需求已经为您登记，您可以在××（时间）来办理。"

√ 话术3："请问您还需要其他服务吗？"

√ 话术4："感谢您的来电，再见！"

七 关爱服务

（一）特殊人士服务

遇到老人、残疾人等特殊客户时，应主动帮扶，并根据客户的具体需要，协助办理相关业务。

注意事项

√ 提供服务前应征得客户同意；

√ 扶助时，注意行走速度与客户一致；

√ 对听力、语言障碍客户，应适当提高音量，放慢语速，必要时使用手语或书写工具进行交流。

营业人员主动向客户宣传"两保户"免费用电政策。

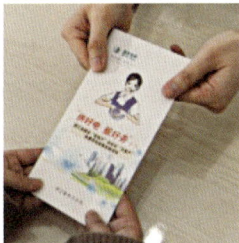

注意事项

√ 提供相关资料；

√ 内容正确无误、语言亲切、通俗易懂；

√ 耐心讲解。

服务话术

√ 话术1："您好，我向您介绍一下，目前国家电网公司推出了用电优惠政策，'两保户'客户可以……"

（二）爱心物品提供

在条件允许的情况下，应为客户提供爱心雨伞、雨衣等服务。

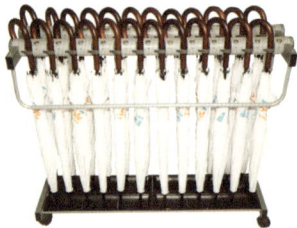

工作内容及注意事项

√ 提供爱心雨伞服务，协助客户登记相关信息，领取爱心雨伞；

√ 应在大厅入口处醒目位置放置"小心地滑"等标志，提醒客户注意地面湿滑，防止摔倒。

话术示例

√ 话术1："您好，这是为您提供的雨伞，因营业厅的雨伞数量有限，请您在这边登记，方便的时候请记得归还，谢谢您的配合！"

√ 话术2："请慢走，当心地滑！"

八 参观交流

接到参观交流任务后，应制定接待方案，提前做好各项接待准备工作。

（一）来宾接待

接待来宾时，应在约定时间、指定地点以饱满的精神状态等候，由营业厅主管出门迎接，其他营业人员在未办理业务的情况下，起身迎接。

注意事项

√ 在接待来宾过程中，应尽量避免对客户办理业务造成影响。

话术示例

√ 话术1："您好，我是××，欢迎各位来到××供电营业厅指导工作，这边请！"

（二）参观讲解

参照接待方案，为来宾介绍营业厅概况、运营情况等，安排专人进行引导。

工作内容及注意事项	**话术示例**
√ 讲解无误、语言亲切、通俗易懂； √ 对来宾的提问，应认真倾听、耐心解答； √ 对来宾的意见或建议，应虚心听取、详细记录。	√ 话术1："尊敬的各位领导（来宾），我是××，现在由我来向大家介绍××营业厅的基本情况……"

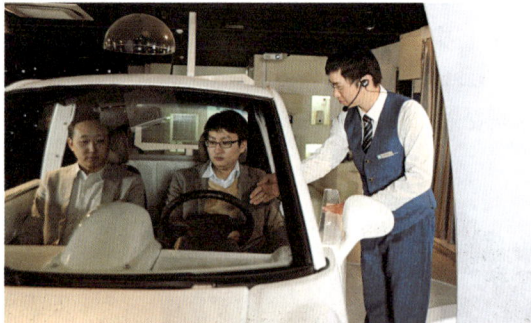

Part 2

日常运营篇主要对营业厅日常涉及的"人、事、物",运营过程中的关键环节与步骤进行了详细阐述,旨在提高营业厅的管理水平和服务效率。

本篇以营业厅一天的运营流程为主线,从营业前、营业中、营业后分别对营业厅工作人员各岗位的日常工作事项进行详细描述,为营业厅的日常运营管理提供了参考依据。

1　2　3　4

营业时段	工作内容	
营业前 8:10~8:30	● 形象整理 ● 个人物品存取 ● 上岗前准备	● 营业前巡检 ● 班前会
营业中 8:30~16:30	● 现场管控 ● 服务督查 ● 营业中巡检 ● 后台协同 ● 营业中交接班	
营业后 16:30~17:00	● 工作区域整理 ● 营业后巡检 ● 物资领用及发放 ● 当日督查总结 ● 营业后交接班	● 班后会 ● 工作结束

一 营业前整理准备

营业前工作流程							
主流程	营业厅主管	督导员	引导员	收费员	业务受理员	保洁员	保安员
进入营业厅							
形象整理							
个人物品存取							
上岗前准备							
营业前巡检工作	编制当天工作计划	检查物品是否整齐	检查物品是否整齐	拿取备用金及票据	插入岗位工作牌	准备清洁用具	营业厅内、外门窗巡检
召开班前会	收集上级文件	记录人员考勤	开启设备及检测运行情况	填写"备用金及票据领取登记簿"	检查物品是否整齐	清洁营业厅外部环境	摆放"禁止停车"提示牌
相互问好			插入岗位工作牌	插入岗位工作牌	开启设备及检测运行情况	清洁营业厅内七大区域	消防器具巡检
考勤通报				检查物品是否整齐		铺放防滑地毯及摆放"小心地滑"提醒牌	安全通道巡检
礼仪操练			营业厅外部环境巡检				
自检互检			营业厅七大区域巡检	开启设备及检测运行情况		清洁后台办公区域	
工作布置			后台区域巡检				
每日一诵			填写"巡检记录簿"			填写"卫生检查表"	
列队入岗							开启大门

（一）形象整理

营业人员到达营业厅后，应及时进行工装更换，并按照服务礼仪要求规范个人仪容仪表。

着装要求

男士

套装：着统一工装，工装无破损、无明显褶皱，穿戴整齐。

衬衫：着长袖（短袖）衬衫，衬衫下摆束入裤腰内，袖口应扣好。

领带：领带长度以在皮带扣上下缘之间为宜。

领带夹：夹在衬衫的第四粒和第五粒扣子之间。

工号牌：端正地佩戴在左胸正上方。

鞋子：着黑色系带皮鞋，光亮无尘。

袜子：着深色薄棉袜。

饰物：原则上不许佩戴饰物。

注：引导员应佩戴明显标识，以区别于其他营业人员。

着装要求

女士

套装：着统一工装，工装无破损，无明显褶皱，穿戴整齐。

衬衫：着长袖（短袖）衬衫，衬衫下摆束入裤腰或裙腰内，袖口应扣好。

工号牌：端正地佩戴在左胸正上方。

鞋子：着船式黑色中跟皮鞋，光亮无尘；不得着露趾鞋或休闲鞋。

丝袜：夏季着裙装时，不穿挑丝、有洞或补过的丝袜，丝袜颜色与肤色相近为宜；忌光脚穿鞋。

饰物：原则上不许佩戴饰物。

注：引导员应佩戴明显标识，以区别于其他营业人员。

仪容仪表要求

男士

发式： 短发，要求前不覆额，侧不掩耳，后不触领。头发干净整齐，忌头发蓬乱，发型、发色怪异。

面容： 忌留胡须，面部保持清洁，眼角无分泌物，保持鼻孔清洁。

口腔： 口腔清洁，无异味，牙齿无食物残渣。

耳部： 耳廓、耳根后及耳孔应保持清洁，无残留皮屑或污垢。

手部： 保持手部清洁，勤洗手，勤剪指甲。

体味： 勤换衣物，保持身体无异味。

女士

发式： 勤洗头发，无头屑，长发束起并盘于脑后、与耳齐平，刘海不得掩盖额头，短发需合拢在耳后，不得披发上岗。

面容： 面部保持清洁，眼角无分泌物，保持鼻孔清洁；工作时化淡妆，妆容淡雅，清新自然为宜。

口腔： 口腔清洁，无异味，牙齿无食物残渣。

耳部： 耳廓、耳根后及耳孔应保持清洁，无残留皮屑或污垢。

手部： 保持手部清洁，勤洗手，勤剪指甲，不染彩色指甲。

体味： 勤换衣物，保持身体无异味，不使用香味过浓或气味怪异的香水。

（二）个人物品存取

形象整理完毕，营业人员应至个人储存柜取出岗位工作牌与相关工作物品。

岗位工作牌及相关
工作物品

存放个人通信设备

注意事项

√ 按照"一人一柜"原则配备个人储存柜，并使用工号标签加以区分；

√ 个人储存柜内物品摆放整齐，保持整洁；

√ 个人通信设备应放置到指定区域，并按照工号标签对应摆放；

√ 禁止将零食等其他非工作物品摆放在柜内；

√ 个人物品拿取后，确保柜门锁好。

（三）上岗前准备

工作人员抵达各自岗位后，应及时开始营业前岗位准备工作。

1. 营业厅主管准备事项

工作内容

√ 对前一天的晚会内容进行总结梳理；

√ 制订当天工作计划；

√ 收集上级文件，并对文件内容进行提炼与汇总。

2. 督导员准备事项

xx营业厅排班表（2016年01月）

日期 姓名	岗位	1 五	2 六	3 日	4 一	5 二	6 三	7 四	8 五	9 六	10 日	11 一	12 二	13 三	14 四	15 五
邻xx	收费	元旦			2	2	休	休	1	1	2	2	休	休	1	1
王xx	收费	元旦			1	1	2	2	休	休	1	1	2	2	休	休
戴xx	收费	元旦			休	休	1	1	2	2	休	休	1	1	2	2

说明：
1．打阴影的为当日值班负责人。
2．收费岗位：1号柜台中午休息时间10:30~11:30，2号柜台中午休息时间11:30~12:30。
3．业务岗位：有"*"的为中午值班人员，休息时间10:30~11:30，值班时坐5、6号柜台。双休日5号柜台休息时间10:30~11:30，6号柜台11:30~12:30。
4．机动岗位：具体岗位和时间视当日营业现场客流情况调整为准，值班中午休息时间10:30~11:30。
5．咨询和引导岗位每30分钟轮岗一次。
6．如大家对排班表有不同意见或更好的建议，请及时反馈！

排班表

人员考勤表

用工部门（盖章）　_____　　　　　　　　　　2016 年 _1_月

序号	日期 姓名	星期	1 五	2 六	3 日	4 一	5 二	6 三	7 四	8 五	9 六	…	26 二	27 三	28 四	29 五	30 六	31 日	本月合计	缺勤统计 病假	事假	旷工	勤天数 年休
1	戴xx		△	△	△	/	/	/	/	/	/	…	/	/	/	/	△	△					
2	华xx		△	△	△	/	/	/	病	/	/	…	/	/	/	/	△	△		1			
3	余xx		△	△	△	/	/	/	/	/	/	…	/	/	/	/	△	△					

说明：
1．出勤（/）、公休（△）、病假（病）、事假（事）、旷工（旷）、其他等各种情况用文字说明。
2．将缺勤天数在汇总栏中注明，并将有关证明材料附于表后。
3．在每月3日前上报。

用工部门负责人（审核签名）：_____

人员考勤表

注意事项

√ 结合排班表，统计当天人员出勤情况；

√ 如有缺勤，应立即向对方了解缺勤原因，并记录在人员考勤表内；

√ 缺勤情况应及时向主管汇报。

3. 引导员准备事项

引导员服装要求

√ 佩戴好引导员标识；

√ 准备"巡查记录簿"，检查记录笔能否正常使用。

4. 业务受理员准备事项

工作内容及注意事项

√ 到达岗位后，及时插入工作牌并摆放在规定位置；

√ 检查办公用品（签字笔、回形针等）准备是否充足；

√ 检查表单或办公用品位置摆放是否正确（应符合定置定位要求）；

√ 检查表单是否齐全、数量是否充足；

√ 物资不足或欠缺时，应及时向引导员提出申请。

工作内容及注意事项

√ 启动电脑、打印机等办公设备；

√ 检查办公设备能否正常运行；

√ 检查业务系统登录是否正常；

√ 如设备运行或系统登录存有问题，应及时报修；

√ 办公区域物品摆放整齐，符合定置定位要求；

√ 桌面整洁无污渍，无杂物。

5. 收费员准备事项

收费员应先完成以下工作内容，再完成与上述业务受理员一致的岗前准备工作。

工作内容及注意事项

√ 领取规定数额备用金（现金交接时应当面点清）；

√ 领取规定数量电费充值卡（充值卡完整、无破损）；

√ 领取工作相关的业务票据；

√ 填写领用记录。

6. 保洁员准备事项

工作内容

√ 应按照以下时间段进行清扫工作：

7:45~8:00 对营业厅内外部环境进行清扫，为开门营业做好准备，清洁路线应按照从外至内顺序进行；

12:00~12:30 对营业厅引导区、业务办理区、客户自助服务区等区域进行清扫；

16:30~17:00 对营业厅全部区域进行清扫。

√ 根据营业厅现场环境需要，及时进行清扫。

√ 铺设防滑地毯、摆放"小心地滑"提示牌。

注意事项

√ 清扫应符合营业厅相关清洁标准及卫生要求。

√ 清扫器具应及时清洗，规范保管。

√ 清扫完成后，应及时进行清扫登记。

卫生检查表

日期	清洁时间	清洁区域									检查人（签字）	备注
		营业厅外部	引导区	客户自助区	业务办办理区	收费区	业务办理区	洽谈区	展示区	后台区		
×月×日	7:45~8:00											
	12:00~12:30											
	16:30~17:00											
×月×日	7:45~8:00											
	12:00~12:30											

清洁路线：以某营业厅功能区示意图为例，按照由外至内的原则，红色虚线为清洁路线。

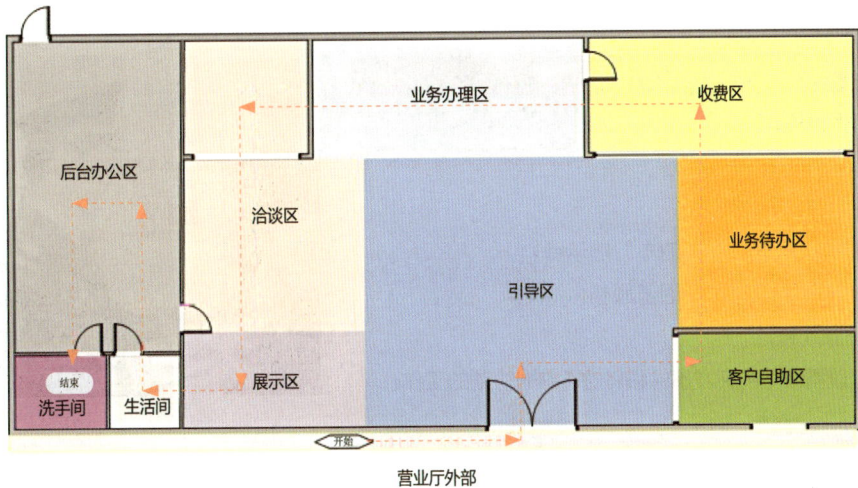

营业厅外部

7. 保安员准备事项

营业前，保安员应先对营业厅内外进行安全巡查，确保无安全隐患；按照规定时间准时开启营业厅大门，迎接客户。

工作内容

√ 检查消防设备；

√ 检查安全通道；

√ 开启营业厅大门；

√ 在营业厅外摆放"禁止泊车"提示牌；

√ 保障一般通道和残疾人通道顺畅；

√ 维护营业厅秩序；

√ 协助处理营业厅内突发事件和其他需临时协助的工作。

注意事项

√ 步态端正，站姿挺拔、不倚不靠；

√ 对来访车辆进行指引，做到有序停放。

（四）营业前巡检

营业前巡检是营业厅"一日五巡检"中的首次巡检，主要检查各岗位营业前的准备工作完成情况。巡检依照由外至内的基本原则，依次检查营业厅各功能区域。

1. 巡检路线

以某营业厅各功能区布局示意图为例，巡检路线由外到内，图中红色虚线为引导员巡检路线。

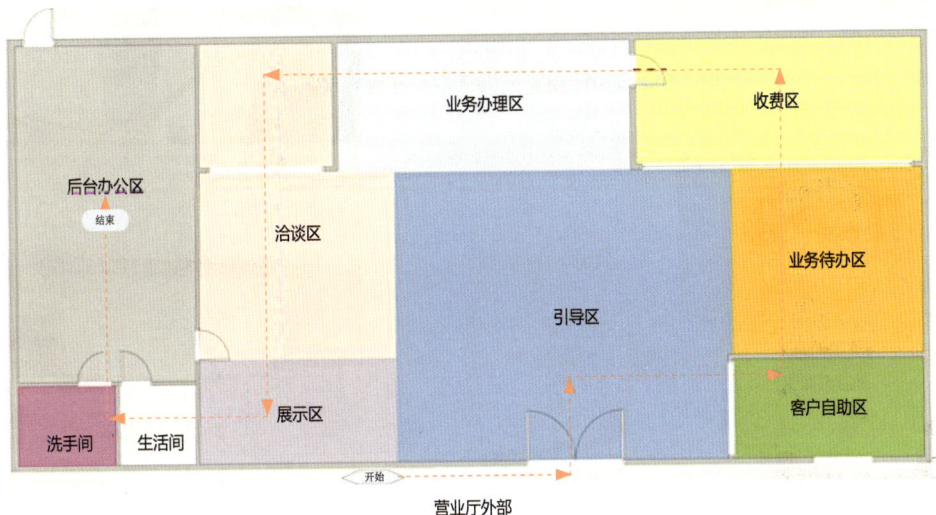

2. 营业厅外部巡检

巡检内容及要点

√ 检查客户通道是否通畅，门前停车是否规范；

√ 检查无障碍通道是否通畅；

√ 检查营业厅门窗是否干净明亮；

√ 检查显示屏、提示牌等是否完好并保持干净整洁；

√ 查看意见箱内是否有信件，检查意见箱有无污损情况。

3. 营业厅内各功能区巡检

展示区巡检

洽谈区巡检

业务办理区巡检

巡检内容及要点

√ 检查展示设备运行是否正常；

√ 检查展示资料是否充足；

√ 检查宣传版画等有无污损情况。

巡检内容及要点

√ 检查洽谈区环境是否干净整洁；

√ 检查桌椅等设施摆放是否符合定置定位要求；

√ 检查纸杯、饮用水等是否充足（饮用水更换周期最多不超过2周）。

巡检内容及要点

√ 柜台营业人员示意后，进行检查工作；

√ 检查柜面是否干净整洁；

√ 检查办公设备开启是否正常；

√ 检查各类指示牌摆放是否符合规范；

√ 客用座椅摆放是否符合要求，有无损坏。

收费区巡检

业务待办区巡检

客户自助服务区巡检

巡检内容及要点

√ 检查柜面是否干净整洁；
√ 检查办公设备开启是否正常；
√ 检查各类指示牌摆放是否符合规范；
√ 客用座椅摆放是否符合要求，有无损坏；
√ 根据收费员提示，检查表单票据、备用金准备情况。

巡检内容及要点

√ 检查电子显示屏、自助查询设备等是否开启并能正常使用；
√ 检查填写台示范样本、表单、资料是否齐全、完整，书写工具（签字笔、老花镜等）是否配备齐全并能正常使用；
√ 检查饮用水是否定期更换，纸杯是否充足、摆放整齐。座椅是否整洁、无废弃物。

巡检内容及要点

√ 检查24小时自助查询机、自助交费机等自助终端是否运行正常；
√ 检查打印纸是否充足；
√ 检查自助服务区环境是否干净整洁。

引导区巡检

巡检内容及要点

√ 检查引导台是否干净整洁，服务提示
 牌、意见本等物品摆放是否符合规范；

√ 检查取号机运行是否正常，取号纸是否
 充足；

√ 检查便民服务设施（爱心雨伞、便民箱
 等）是否完好。

4. 后台办公区巡检

办公区巡检

运营监控系统巡检

巡检内容及要点

√ 检查桌面是否整洁干净;

√ 检查办公物品是否符合定置定位要求;

√ 检查办公设备运行是否正常。

巡检内容及要点

√ 检查运营监控系统是否开启;

√ 检查运营监控系统是否运行正常。

物资室巡检

巡检内容及要点

√ 检查物资室内的摆放是否符合定置定位要求；

√ 检查物资室内的环境是否清洁，物资是否完好、充足。

生活区巡检

巡检内容及要点

√ 检查员工用品（水杯等）摆放是否符合定置定位要求；

√ 检查饮用水是否定期更换；

√ 检查电器设备（饮水机、冰箱、微波炉等）是否正常工作；

√ 检查洗手间环境是否符合清洁标准和卫生要求。

5. 巡检记录及填写说明

√ 巡检完毕后，引导员应及时将巡检结果进行汇总，如有异常情况，应第一时间上报营业厅主管；

√ 记录完毕后，将"巡检记录表"及时放回资料柜内妥善保管。

注意事项

√ 引导员根据巡查项目的实际情况据实填写，如发现异常，应在"处理情况"一栏中进行详细说明。

供电营业厅设施巡检记录表（营业前）

日期：　年　月　日　星期：　天气：　巡查人员：　巡查时间：

巡查项目				巡查填写（打"√"广"表示）	处理情况
1	业务办理区	柜台	确认工作台柜台整洁、干净，物品按位置规范摆放，工作台上无私人物品	是□ 否□	
			确认电脑、显示屏、叫号LED已开启并能正常使用	是□ 否□	
			确认打印机、复印机、刷卡缴费设备等设备正常运行、无故障	是□ 否□	
			确认岗位牌与当班工作人员相对应、岗位牌、各类指示牌、提示牌等规范摆放	是□ 否□	
			确认单、票据、宣传折页、印章、文具等摆放整齐、规范	是□ 否□	
		座椅	确认座椅摆放整齐、座椅上无废弃物	是□ 否□	
2	收费区	柜台	确认工作台柜台整洁、干净，物品按位置规范摆放，工作台上无私人物品	是□ 否□	
			确认电脑、显示屏、叫号LED已开启并能正常使用	是□ 否□	
			确认打印机、刷卡缴费设备、验钞机等设备正常运行、无故障	是□ 否□	
			确认岗位牌与当班工作人员相对应、岗位牌、各类指示牌、提示牌等规范摆放	是□ 否□	
			确认表单、票据、宣传折页、印章、文具、零钱等摆放整齐、规范、零钱配备充足	是□ 否□	
		座椅	确认座椅摆放整齐、座椅上无废弃物	是□ 否□	
3	待办业务区	饮水机	饮水机已开启且能正常使用，水源是否充足、新鲜	是□ 否□	
		宣传资料报刊架	报刊架上报纸或杂志是否充足并更新	是□ 否□	
		钟表	时钟、日历是否完好、显示准确	是□ 否□	
4	展示区	电能表打比展示台	接通电源并确认各类电能表正常使用	是□ 否□	
		电子显示屏	开启并确认能正常使用，信息内容是否已更新	是□ 否□	
		上墙资料	确认上墙资料完好并及时更新	是□ 否□	
	给				

（五）班前会

班前会是营业工作前的重要环节，主要包括形象整理、礼仪（操）练习、宣贯上级重要文件精神、昨日工作总结和当日工作安排等内容。通过召开班前会，能够有效激励士气，使全体营业人员工作步调统一。班前会时间一般控制在15分钟以内为宜。

1. 班前会流程及内容

相互问好

工作内容及注意事项

√ 营业厅主管与营业人员相互问好；

√ 问好时，应言语真诚、回应整齐；

√ 问好示例："各位同事，早上好！"

考勤通报

工作内容及注意事项

√ 督导员应根据当天实际出勤人数，向营业厅主管通报，如有工作人员缺勤，应说明情况；

√ 通报示例："今日应到××人，实到××人……"

3

礼仪操练

工作内容及注意事项

√ 营业厅主管带领全体营业人员，整理队形，集体做礼仪操；

√ 动作协调、节奏合拍。

4

自检互检

工作内容及注意事项

√ 按照营业厅主管口令，自检
互检仪容仪表；

√ 应按照从上至下的顺序检查；

√ 当发现对方有不规范的地方
时，应立即提醒、纠正。

工作布置

√ 由营业厅主管进行工作布置;

√ 宣贯上级重要文件精神;

√ 总结昨日工作情况,交代当日主要工作内容及注意事项;

√ 工作分配时应简洁明了,突出重点。

每天一诵

工作内容及注意事项

√ 营业厅主管带领全体人员
吟诵服务口号；

√ 吟诵时，应声音响亮、整
齐划一；

√ 口号示例："今天的微笑服
务即将开始，大家加油！"

2. 填写班前会记录簿

√ 班前会结束后，应由营业厅主管填写"班前会记录"；

√ "班前会记录"应每天存档，按照定置定位要求分类存放。

供电营业厅班前会记录

日期：_____年_____月_____日　　记录人：_____

参加人员：
缺勤人员： 缺勤备注：
一、巡查小结
二、礼仪操开展情况
三、仪容仪表检查情况
四、主要工作及注意事项
...

（六）开门迎客前准备

班前会结束后，营业人员应及时回到各自岗位，站立迎接第一批客户的到来。

注意事项

√ 保安员开启营业厅大门，并维持现场秩序；

√ 如遇到客户数量较多时，引导员应提前取号，有序发放至客户。

二 营业中服务管控

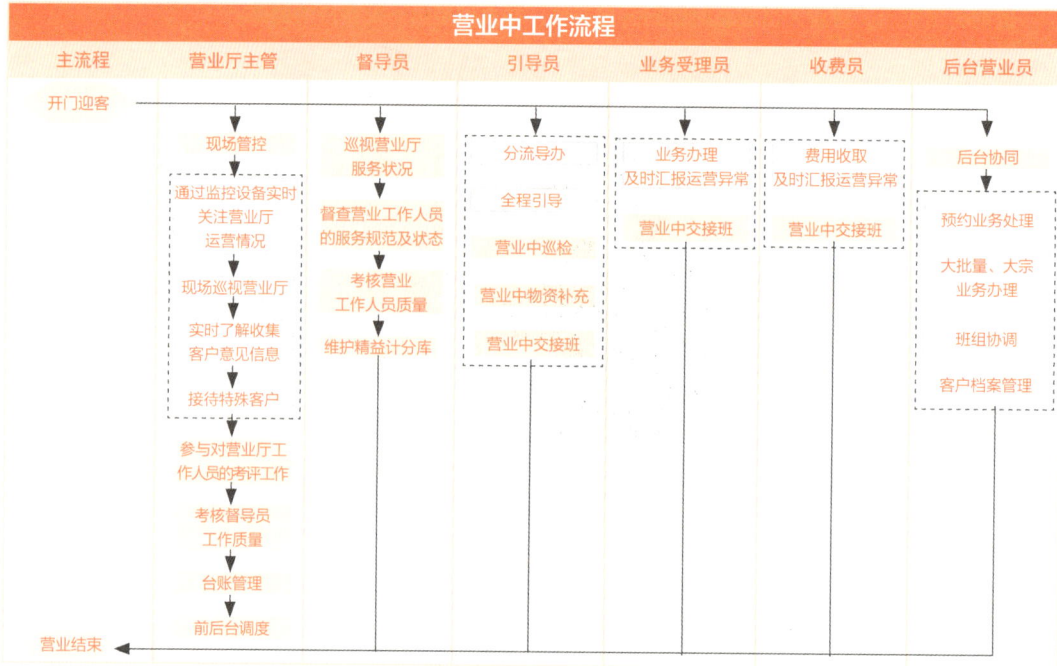

营业中工作流程

主流程	营业厅主管	督导员	引导员	业务受理员	收费员	后台营业员
开门迎客						
	现场管控	巡视营业厅服务状况	分流导办	业务办理及时汇报运营异常	费用收取及时汇报运营异常	后台协同
	通过监控设备实时关注营业厅运营情况	督查营业工作人员的服务规范及状态	全程引导	营业中交接班	营业中交接班	预约业务处理
	现场巡视营业厅	考核营业工作人员质量	营业中巡检			大批量、大宗业务办理
	实时了解收集客户意见信息	维护精益计分库	营业中物资补充			班组协调
	接待特殊客户		营业中交接班			客户档案管理
	参与对营业厅工作人员的考评工作					
	考核督导员工作质量					
	台账管理					
	前后台调度					
营业结束						

64

（一）现场管控

开始营业后，营业厅主管应实时关注现场运营情况，合理调配，确保营业厅运营正常。

1. 运营巡视及特殊客户接待

监控系统巡视

大厅巡视

客户接待

工作内容

√ 通过监控系统对客流情况、营业人员工作状态、服务设施设备、环境等情况进行巡视；

√ 查看客户意见簿，及时回复客户意见或建议；

√ 接待特殊需求客户，认真了解情况，听取建议或想法，及时沟通并根据实际情况提出妥善解决方案；

√ 上级部门交办的其他工作。

65

2. 前、后台调度

前、后台人员调度

工作内容

√ 做好营业厅前台客流量数据统计分析;

√ 合理安排前、后台营业人员的工作;

√ 统计及控制各项业务办理用时;

√ 根据工作需要和人员状态,灵活调整前、后台人员数量。

注意事项

√ 大厅客户激增时,应及时启动应急预案,将后台人员调度至前台协助,组织增开受理柜台。

3. 台账管理

台账入柜

台账摆放规范

工作内容

√ 整理营业厅年、月、周、日班组日常班务文档并归档;

√ 整理年、月上级文件并归档;

√ 整理年、月工作计划及工作汇报文档并归档。

注意事项

√ 实时记录、定期维护;

√ 台账归档应根据文档资料的类型,使用文件夹标签进行区分;

√ 台账应按照定置定位要求整齐摆放至资料柜内。

（二）服务督导

督导员对营业厅服务进行巡视，督促营业人员在营业过程中保持良好的服务状态。

工作内容

√ 现场巡视每天不少于两次（上、下午至少各一次）；

√ 巡视过程中发现问题应立即进行指导纠正；

√ 及时填写"服务督导记录"；

√ 整理营业服务信息，分析营业服务状况，评估服务质量，提出整改建议方案；

√ 通过音频、视频监查营业厅运营情况；

√ 对工作人员进行服务评价和绩效考核。

　　督导巡视过程中发现营业人员存在不规范服务行为时，应立即进行提醒纠正，如客户正在办理业务时，应尽量采用手语形式传达。

提醒手势

微笑手势

服饰整理手势

礼貌用语手势

"你真棒"表扬手势

加油手势

督导巡视结束后，应及时记录督导情况。

供电营业厅服务督导记录

日期：____年____月____日____时____　　督导员：_____

考评项目	基本要求	巡检情况		
		合格	有问题	问题项
首问负责	转交其他岗位或部门的事件有记录、跟踪并闭环			
客户优先	先接待客户，再处理内务；先受理柜面业务，再处理电话业务；接待当前客户，兼顾后来客户			
全程引导	服务前置，形成服务闭环。主动导迎，准确判断客户需求，分流至相应柜台，缩短客户等待时间			
一次告知	根据客户服务需求，向客户详细说明和告知服务项目、业务流程、办理时限、营业收费、所需资料等			
限时办结	按照法律法规、服务承诺及服务标准的要求，在规定时限内完成客户业务			
…				

填写督导记录

（三）营业中巡检

引导员在营业中应对营业厅内外环境、物资适时进行巡检（如上午高峰期、午休、下午高峰期），确保营业厅内物资充足、环境整洁、设施摆放规范、设备运营正常。

巡检路线参照营业前巡检。

补充填写台表单

清洁业务待办区

补充饮水机内纸杯

补充宣传资料

调整客户座椅位置

巡检营业厅内设施

每次巡检结束，应及时记录巡检情况。

供电营业厅设施巡检记录表（营业中）

			日期：　年　月　日　星期：　　天气：　　巡查人员：　　巡查时间：			
			巡查项目	巡查时间： 　时　分 巡查人员 一次巡查（打"√"表示）	巡查时间： 　时　分 巡查人员 二次巡查（打"√"表示）	巡查时间： 　时　分 巡查人员 二次巡查（打"√"表示）
1	业务办理区	柜台	工作柜台是否干净、整洁，物品是否按定置规范摆放，工作台上无私人物品	是□ 否□	是□ 否□	是□ 否□
			电脑双屏显示、叫号LED是否开启并能正常使用	是□ 否□	是□ 否□	是□ 否□
			打印机、复印机、刷卡交费设备等设备是否正常运行、无故障	是□ 否□	是□ 否□	是□ 否□
			岗位牌与当班工作人员是否相符，岗位牌、各类指示牌、提示牌等是否规范摆放	是□ 否□	是□ 否□	是□ 否□
			表单、票据、宣传折页、印章、文具等摆放是否整齐、规范	是□ 否□	是□ 否□	是□ 否□
		座椅	座椅摆放是否整齐，座椅上无废弃物	是□ 否□	是□ 否□	是□ 否□
		附属设备	一米栏是否整齐完好	是□ 否□	是□ 否□	是□ 否□
			工作柜台是否整洁、干净，物品是否按定置规范摆放，工作台上无私人物品	是□ 否□	是□ 否□	是□ 否□
			电脑双屏显示、叫号LED是否开启并能正常使用	是□ 否□	是□ 否□	是□ 否□

（四）后台协同

作为营业厅前台服务的重要支撑，高效的后台协同能有效缓解前台业务压力，提高服务效率。

1. 业务预约

工作内容

√ 接受大宗业务办理预约；

√ 接受来宾参观交流预约。

注意事项

√ 接听电话时，应主动自我介绍，详细记录通话要点和来电者信息；

√ 合理安排预约业务办理；

√ 合理安排来宾接待时间；

√ 如遇无法当场答复的问题，应告知客户反馈时间，并及时汇报上级。

2. 大宗业务办理

工作内容

√ 协助前台办理大宗业务（如票据批量打印、房产批量新装等）。

注意事项

√ 仔细核实客户所提交的资料，如遇到资料不全时，应做到一次性告知；

√ 递送给客户票据时，应提醒客户校核票据信息；

√ 主动提醒客户妥善保管票据。

3. 班组协调工作

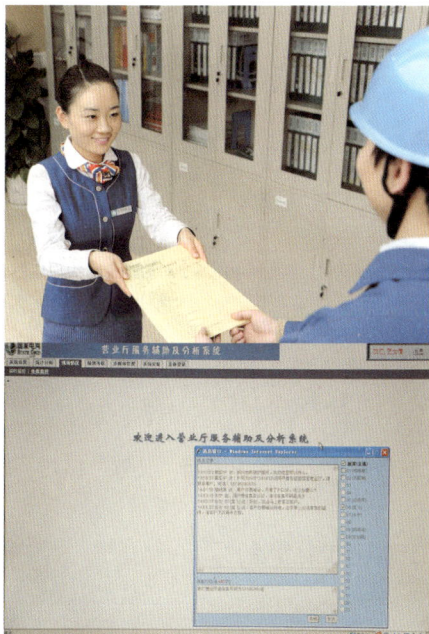

工作内容

√ 业务单据及资料转交;

√ 业务跟踪督办;

√ 前、后台协同办理。

注意事项

√ 如有业务单据或材料需转交至其他班组时,应提前电话联系,确定交接时间;

√ 对所需移交(转交)的单据或材料,应记录相关信息并妥善保存;

√ 在交接单据或材料时,应填写"交接单",双方签字确认;

√ 如遇到跨部门(班组)的业务,应主动跟踪督办。

（五）营业中交接班

营业中交接班应严格按照交接班制度执行。

1 放置"暂停服务"牌

2 整理业务表单

3 整理票据

工作内容及注意事项

√ 人员交接班时，应放置"暂停服务"牌；

√ 检查业务系统中有无未填写或未处理的业务，有现金业务的，必须完成清点、交款、核对、填报收费记录和日报工作；

√ 整理票据存根、客户申请资料、营业记录等，需存档的资料移交档案室；

√ 工作用品归位，按定置定位要求整理工作台。

4 工作资料交接

5 填写交接单，双方签字

供电营业厅交接班记录表

日期： 年 月 日 时间： 时 分

工作内容及注意事项

√ 认真填写"交接班记录表"；

√ 交班人按"交接班记录表"记录逐项向接班人说明情况；

√ 交班人退出各类业务系统；

√ 双方确认公用工作设施设备完好；

√ 双方签字交接；

√ 禁止在对客户服务的过程中进行交接；

√ 为确保营业工作不间断，应适当错开各岗位交接时间。

工作内容及注意事项

√ 引导员应做到定时交接（交接班时限视
各营业厅实际情况而定）；

√ 交班人应向接班人说明工作情况与注意
要点；

√ 交班人帮助接班人整理好仪容仪表。

三 营业后总结提升

营业结束后，保安员指引营业厅内客户离开大厅并关闭大门。

营业人员将当天的工作资料整理归档，清点物资，为第二天的工作做好物资补充，收费柜台人员要做到日结日清，整理并清洁工作区域，关闭办公设备。

营业厅主管带领营业人员召开班后会。

营业后工作流程							
主流程	营业厅主管	督导员	引导员	业务受理员	收费员	保洁员	保安员
工作区域整理	关闭设备	关闭设备	清点消耗物资	清点消耗物资	清点消耗物资	清洁营业厅外部环境	巡视营业厅内、外环境安全
营业后巡检	整理柜台物资	整理柜台物资	关闭设备	关闭设备	关闭设备	清洁营业厅七大区域	收拾"禁止泊车"提示牌
存放工作用品及拿取笔记本	清洁个人柜台	清洁个人柜台	整理柜台物资	整理柜台物资	整理柜台物资	清洁后台办公区域	引导客户离营业厅
召开班后会	编写当天营业厅运营工作总结	编写当天督查总结	清洁个人柜台	清洁个人柜台	清洁个人柜台	收拾防滑红地毯及摆放"小心地滑"提醒牌	
列队升会			编写当天巡检小结	所需物资申领	所需物资申领	收拾清洁工具	开启24小时客户自助服务区照明设备
巡检小结				营业后交接班	解款工作	填写"营业厅环境卫生情况簿"	
督导点评			营业厅外部环境巡检		存放备用金及票据		锁闭营业厅内外门窗
每日一课			营业厅七大区域巡检		填写备用金及票据存放登记簿		
当天工作总结			后台区域巡检		营业后交接班		
精益计分通报及弱项分析			填写"营业后巡检簿"				
经验分享							
列队散会			物资领用及发放				
工作结束			填写物资领取表				

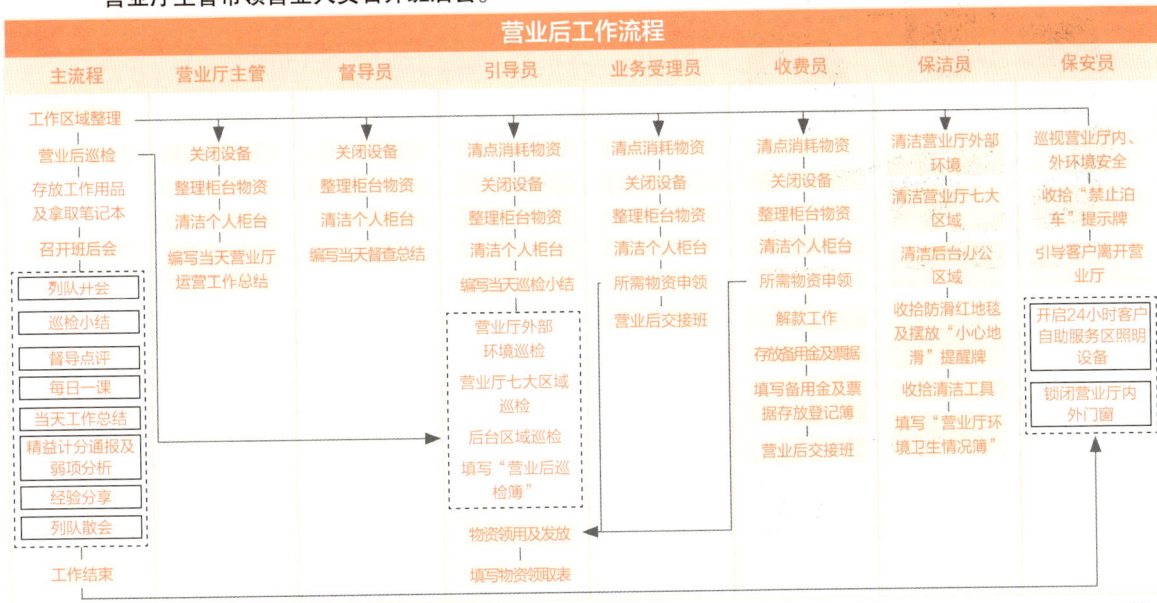

（一）工作区域整理

清点办公物资

申请办公物资

工作内容及注意事项

√ 营业工作结束，业务受理员、收费员和后台营业员完成工作区域整理；

√ 认真清点营业当天各类表单、办公物资，统计消耗情况；

√ 及时向引导员申请需补充的办公物资；

√ 检查有无未完结业务，避免漏项；

√ 现金业务交接时，须当面完成清点、交款，核对、填报收费记录和日报工作。

3

整理柜面物品

4

关闭办公设备

工作内容及注意事项

√ 工作区域内的办公物品及设备按定置定位要求归位；

√ 清洁个人工作区域，保持环境干净整洁；

√ 正常关闭办公设备（电脑、打印机等）；

√ 切断设备电源。

清点资金

上交银行

工作内容及注意事项

√ 认真清点当天营收金额；

√ 做好业务系统内的解款工作，并根据解款金额上交银行；

√ 填写并打印日结日清报表；

√ 清点备用金金额，记录并存放至保险箱。

归档客户资料

工作内容

√ 定期收集整理客户档案资料并归档；

√ 定期做好档案库的维护工作。

注意事项

√ 应按户建立独立的档案资料夹，并制作对应的标签；

√ 有条件的情况下，使用读码扫描器进行系统登记。

（二）营业后巡检

营业结束后，引导员除对各功能区进行巡检外，还需要完成以下工作。

工作内容

√ 关闭大厅内叫号机等自助服务终端；

√ 检查24小时客户自助服务区各类设备是否运行正常；

√ 对当天巡检工作进行汇总、分析，做好巡检小结。

√ 查看意见箱内是否有信件，检查意见箱有无污损情况。

关闭设备

自助服务区巡检

供电营业厅设施巡检记录表（营业后）

日期： 年 月 日 星期： 天气： 巡查人员： 巡查时间：

			巡查项目	巡查情况（打"√"表示）	处理情况
1	业务办理区	柜台	工作柜台是否整洁、干净，物品是否按定置规范摆放，工作台上无私人物品	是□ 否□	
			电脑、显示屏是否关闭	是□ 否□	
			打印机、复印机、刷卡缴费设备等设备是否正常关闭	是□ 否□	
			岗位牌、各类指示牌、提示牌等是否按规范摆放	是□ 否□	
			表单、票据、宣传折页、印章、文具等摆放是否整齐、规范	是□ 否□	
		座椅	座椅摆放是否整齐，座椅上无废弃物	是□ 否□	
		附属设备	一米栏是否整齐完好	是□ 否□	
2	收费区	柜台	工作柜台是否整洁、干净，物品是否按定置规范摆放，工作台上无私人物品	是□ 否□	
			电脑、显示屏是否关闭	是□ 否□	
			打印机、刷卡缴费设备、验钞机等设备是否正常关闭	是□ 否□	
			岗位牌与当班工作人员是否相符，岗位牌、各类指示牌、提示牌等是否规范摆放	是□ 否□	
			表单、票据、宣传折页、印章、文具、零钱等摆放是否整齐、规范	是□ 否□	
		座椅	座椅摆放是否整齐，座椅上无废弃物	是□ 否□	
		附属设备	一米栏是否整齐完好	是□ 否□	
		客户	客户书写台是否整洁，各类申请表单，示范样本，资料是否齐全，完	是□ 否□	

（三）办公物资发放

巡检完毕，引导员根据记录，至物资存储室领取各类办公物资并发放给申领人员。

领取表单物资

发放办公物资

营业表单领用记录（2016年）

名称	数量	单位	领用人	备注

登记表单物资

填写物资领取记录

工作内容

√ 记录、汇总营业人员申请的办公物资；

√ 到物资室领取表单、办公用品等物资；

√ 核对物资数量，更新物资储备信息；

√ 对当天表单物资进行整理，将各类表单物资信息登记入册；

√ 及时发放物资给申请人员。

（四）当日督查总结

营业结束后，督导员应对营业厅巡检情况进行分类汇总，并对存在的问题进行分析，提出相应的改进建议或措施，做好在班后会中点评的准备工作。

汇总督导记录

商榷绩效考评

注意事项

√ 编制工作汇总时，应以数据为依据，认真深入分析；

√ 根据统计结果，分析判断问题类型，找出问题源头并制定解决方案；

√ 对督导巡检结果进行绩效考评时，应与营业厅主管协商确认。

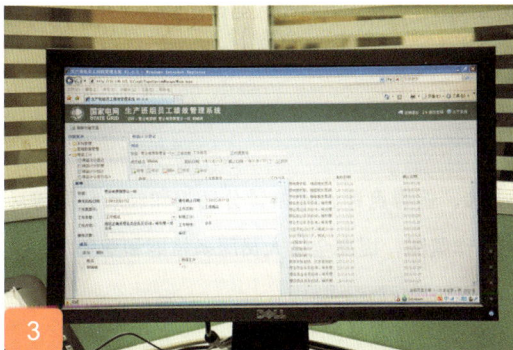

建立员工精益计分库

工作内容

√ 按日、周、月进行登记，记录工作数量、
工作质量、工作态度、工作差错等数据；

√ 按照营业厅主管考核督导员、督导员考核
其他营业人员的二级机制进行考核；

√ 按日进行考核，按月进行绩效评价。

注意事项

√ 应根据实际情况建立营业人员考核体系，
如"员工精益计分库"；

√ 每天营业结束，督导员和营业厅主管应汇
总并分析运营情况，完成相关记录；

√ 应动态跟踪营业人员工作状况。

（五）营业后交接班

营业结束后，业务受理员、收费员等岗位人员应完成当天工作交接，若接班人当天因调休、休假等情况不在营业厅时，应与相应中间人完成工作交接。交接班相关事项参照营业中交接班内容。

（六）班后会

班后会是一天工作的回顾和总结，主要包括巡检小结、督导点评、精益计分通报和经验分享等环节。通过员工之间的真诚交流和经验分享，营造积极的工作氛围，提高全体人员服务技能和业务水平。班后会时长一般控制在30分钟以内。

1. 班后会流程

巡检小结

工作内容及注意事项

√ 引导员进行巡检小结；

√ 汇报应突出重点、注重实效。

督导点评

工作内容及注意事项

√ 督导员点评当天巡视结果；

√ 对表现突出的工作人员给予表扬。

每日一课

工作内容及注意事项

√ 督导员根据当天发现的营业问题进行分析总结，作为当天每日一课的主要内容；

√ 现场讲解应主题突出、注重实效。

4

经验分享

工作内容及注意事项

√ 营业人员应结合岗位工作日志对当天工作进行发言，阐述当天工作重点、工作热点及工作难点，提出合理化建议，分享工作经验等；

√ 发言应做到人人参与、真诚和谐、坦率互动、注重实效。

精益计分通报及弱项分析

工作内容及注意事项

√ 通报当日精益计分考核结果；

√ 分析考核弱项，并接受工作人员申诉；

√ 应由营业厅主管或督导员对精益计分考核结果及弱项分析进行通报。

当天工作总结

工作内容及注意事项

√ 营业厅主管对当天运营情况进行总结发言；

√ 工作总结应重点突出工作难点、需要解决的问题、工作建议等，并对营业人员的问题给予相应回答。

2. 填写班后会记录

供电营业厅班后会记录

日期：_____年_____月_____日　　记录人：_____

参加人员：
缺勤人员： 缺勤备注：
一、巡查小结
二、督导点评
三、交流发言
四、班组长总结

五、每日一短课	课题		主讲人	

注意事项

√ 班后会结束后，应由营业厅主管填写"班后会记录"；

√ "班后会记录"应每天存档，并按照定置定位要求分类存放。

（七）工作结束

1. 营业人员

工作结束，营业人员换装并规范存放工装。

工作内容及注意事项

√ 更衣柜划分为五个区域：

    （1）饰品（化妆品）区；

    （2）服装区；

    （3）箱包区；

    （4）鞋袜区；

    （5）个人风采展示区。

√ 更衣柜按照一人一柜的原则配备，并使用工号标签以区分。

√ 按照定置定位要求进行存放，对各区域作对应的标签标示。

√ 个人更衣柜内应保持整洁，无异味。

√ 换装完毕后，锁好个人更衣柜。

男士更衣柜

饰品（化妆品）区

服装区

箱包区

鞋袜区

女士更衣柜

2. 保洁员与保安员

工作结束，保洁员与保安员完成当日最后的收尾工作。

保洁员工作内容

√ 清扫营业厅内各区域及厅外台阶；

√ 擦拭营业厅设备及门窗玻璃；

√ 收拾防滑地毯与"小心地滑"提醒牌；

√ 收拾营业厅垃圾桶及废品。

保安员工作内容

√ 检查各区域消防设备是否完好无损；

√ 检查门窗是否完好无损；

√ 关闭营业厅的照明设备；

√ 确认24小时客户自助服务区照明设备已开启。

Part 3

作业规范篇 »

作业规范篇针对营业厅工作人员日常工作中涉及的主要作业内容，包括14项业扩报装业务、14项用电变更业务、5项收费业务、3项杂项业务，每项业务均按照流程环节详细描述了作业步骤与注意事项，旨在提高营业人员的业务水平，为营业人员标准化作业提供参考依据。

1 2 **3** 4

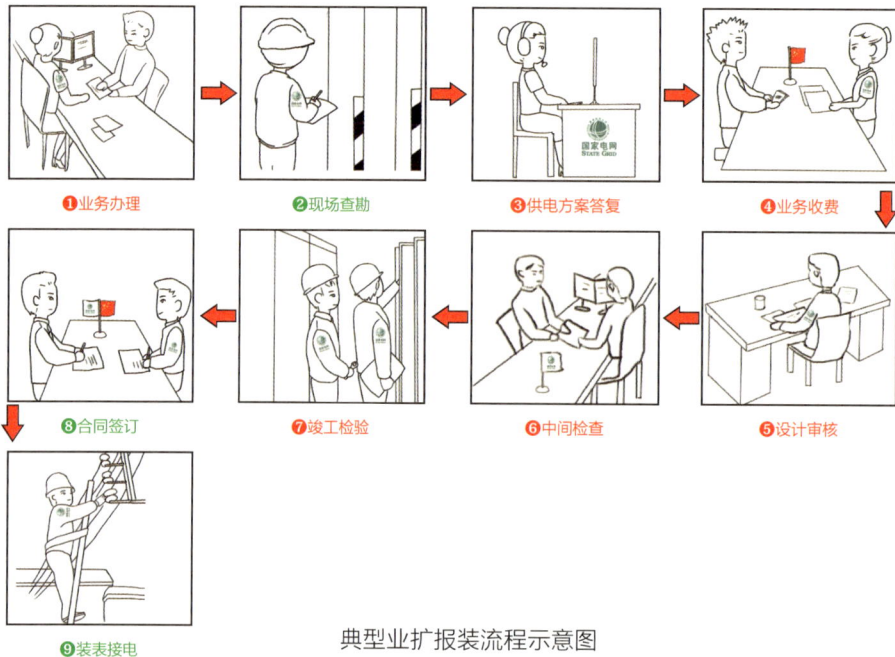

❶业务办理　　❷现场查勘　　❸供电方案答复　　❹业务收费

❽合同签订　　❼竣工检验　　❻中间检查　　❺设计审核

❾装表接电　　　　典型业扩报装流程示意图

注：红色标注为营业窗口相关业务环节。

一 低压居民新装

业务说明：适用于低压居民客户申请"一户一表"的新装业务。

序号	流程环节	作业步骤	作业内容	注意事项
1	业务受理	确认客户信息	接受客户申请，了解业务需求，审核申请资料	（1）居民用电申请须以住宅为单位，一份房产证明对应的住宅为一"户"；用电户名须与房屋所有权人一致。 （2）客户销户后，在六个月内不得受理同一用电地址、同一客户的新装用电申请。 （3）对资料不齐全的，采取"一证受理"，签署"承诺书"、使用"用电业务办理告知书（低压居民新装、低压居民增容）"，在后续环节由客户补充完善。 （4）房屋合法产权证明文件上的地址与用电地址应一致。 （5）必须以房屋所有权人名义办理业扩报装，不得以租赁户名义办理
2		实时录入业务系统	在营销系统发起低压居民新装流程，读取身份证信息，完成基本信息录入；通过查询系统表箱表位可视化模块，判断申请地址是否有表位	（1）用电户名不应超过四个字，超过四个字应申报白名单。 （2）对客户提供身份证申请的，直接通过身份证信息读取器进入系统；对于其他身份证明或不能读取的，将原件通过拍照、扫描录入系统
3		打印工作表单	信息录入完成经客户核对无误后，打印"低压居民生活用电登记表"，交由客户签字确认。同时完成"居民供用电合同"签订，双方签字盖章后，一份交客户，一份归档	

101

续表

序号	流程环节	作业步骤	作业内容	注意事项
4	业务受理	资料电子化	将客户提交资料、工作表单实时拍照上传档案系统	（1）原件拍照、扫描录入档案系统后，不再需要另行复印。 （2）房屋产权证明录入档案系统必备资料内容： 1）房屋所有权证、国有土地使用证、集体土地使用证：含权属编号、权属人身份信息、产权地址信息页。 2）购房合同：封面，含身份、地址等身份信息页，以及买卖双方签署页。 3）判决书、裁定书、调解书、执行书：首部（写明民事案件的当事人、诉讼代理人的基本情况以及案由页）、主文中含有明确房屋产权判词页、尾部（写明审判庭的组成、人民法院名称及盖章页）。 4）房管、城建、国土管理有权部门开具的产权合法证明：整页
5		履行一次性告知	将"用电业务办理告知书（低压居民新装、低压居民增容）"交给客户，并交代后续业务办理相关事项	向客户推广和宣传非现金交费方式，告知客户办理批扣业务，并按时交费
6		业务流程发送	将业务流程发送至下一环节	
7	业务收费	业务收费	根据费用确定情况，收取营业费用，将流程发送至下一环节	（1）无营业费用的，直接将流程发送至下一环节。 （2）严格按照确定的费用金额收取，不得多收和少收

二 低压居民增容

业务说明：适用于低压居民客户增加用电容量并改压至380伏的用电业务。

序号	流程环节	作业步骤	作业内容	注意事项
1	业务受理	确认客户信息	接受客户申请，了解业务需求，审核申请资料	（1）对资料不齐全的，采取"一证受理"，签署"承诺书"、使用"用电业务办理告知书（低压居民新装、低压居民增容）"，在后续环节由客户补充完善。（2）客户增容后用电设备容量在100千瓦以上或需用变压器容量在50千伏安以上的，采用高压供电，按原用电户销户并新装处理。（3）220伏同电压等级的增容，不需要客户提交资料，由营业厅人员填写"数据修改申请单"，通过营销业务应用系统提交问题管理
2		实时录入业务系统	在营销系统发起低压居民增容流程，读取身份证信息，完成基本信息录入	对客户提供身份证申请的，直接通过身份证信息读取器录入系统；对于其他身份证明或不能读取的，将原件通过拍照、扫描录入系统
3		打印工作表单	信息录入完成经客户核对无误后，打印"低压居民生活用电登记表"，交由客户签字确认。同时完成"居民供用电合同"签订，双方签字盖章后，一份交客户，一份归档	

续表

序号	流程环节	作业步骤	作业内容	注意事项
4		资料电子化	将客户提交资料、工作表单实时拍照上传档案系统	原件拍照、扫描录入档案系统后，不再需要另行复印
5	业务受理	履行一次性告知	将"用电业务办理告知书（低压居民新装、低压居民增容）"交给客户，并交代后续业务办理相关事项	向客户推广和宣传非现金交费方式，告知客户办理批扣业务，并按时交费
6		业务流程发送	将业务流程发送至下一环节	
7	业务收费	业务收费	根据费用确定情况，收取营业费用，将流程发送至下一环节	（1）无营业费用的，直接将流程发送至下一环节。（2）严格按照确定的费用金额收取，不得多收和少收

三 低压非居民新装

业务说明：适用于低压非居民客户申请新装业务。

序号	流程环节	作业步骤	作业内容	注意事项
1	业务受理	确认客户信息	接受客户申请，了解业务需求，审核申请资料	（1）自然人申请仅限于居民生活用电、农业生产用电，以及集中未出租商铺。 （2）优先提供营业执照，无营业执照的可提供组织机构代码证等。 （3）使用《浙江省电监办关于受电工程建设有关事项的提示》，向客户说明"三不指定"事项，指导客户使用"浙江电力用户受电工程市场信息与监管系统"。 （4）对资料不齐全的，采取"一证受理"，签署"承诺书"、使用"用电业务办理告知书（低压非居民新装、增容及低压装表临时用电）"，由客户在后续环节补充完善。 （5）房屋合法产权证明文件上的地址与用电地址应一致
2		指导填写工作表单	指导客户填写"低压非居民用电登记表"，双方签字盖章后，一份交客户，一份归档	

序号	流程环节	作业步骤	作业内容	注意事项
3		实时录入业务系统	在营销系统发起低压非居民新装流程，读取身份证信息，完成基本信息录入	对客户提供身份证申请的，直接通过身份证信息读取器录入系统；对于其他身份证明或不能读取的，将原件通过拍照、扫描录入系统
4	业务受理	资料电子化	将客户提交资料、工作表单实时拍照上传档案系统	（1）原件拍照、扫描录入档案系统后，不再需要另行复印存档。 （2）房屋产权证明录入档案系统必备资料内容： 1）房屋所有权证、国有土地使用证、集体土地使用证：含权属编号、权属人身份信息、产权地址信息页。 2）购房合同：封面，含身份、地址等身份信息页，以及买卖双方签署页。 3）判决书、裁定书、调解书、执行书：首部（写明民事案件的当事人、诉讼代理人的基本情况以及案由）、主文中含有明确房屋产权判词页、尾部（写明审判庭的组成、人民法院名称及盖章页）。 4）房管、城建、国土管理有权部门开具的产权合法证明：整页
5		履行一次性告知	将"用电业务办理告知书（低压非居民新装、增容及低压装表临时用电）"交给客户，并交代后续业务办理相关事项	向客户推广和宣传非现金交费方式，告知客户办理批扣业务，并按时交费

续表

序号	流程环节	作业步骤	作业内容	注意事项
6	业务受理	业务流程发送	将业务流程发送至下一环节	
7	供电方案答复	答复供电方案	（1）同意供电的，打印"低压供电方案答复单"，通知客户签收，同时将流程发送至下一环节。 （2）不具备供电条件的，电话告知客户，并将流程直接发送至"资料归档"环节	如客户未在规定时间内签收"低压供电方案答复单"，直接将流程发送至下一环节

四 低压非居民增容

业务说明：适用于低压非居民客户增加用电容量或改压至380伏的用电业务。

序号	流程环节	作业步骤	作业内容	注意事项
1	业务受理	确认客户信息	接受客户申请，了解业务需求，审核申请资料	（1）自然人申请仅限于居民生活用电、农业生产用电，以及集中未出租商铺。 （2）优先提供营业执照，无营业执照的可提供组织机构代码证等。 （3）使用《浙江省电监办关于受电工程建设有关事项的提示》，向客户说明"三不指定"事项，指导客户使用"浙江电力用户受电工程市场信息与监管系统"。 （4）对资料不齐全的，采取"一证受理"，签署"承诺书"、使用"用电业务办理告知书（低压非居民新装、增容及低压装表临时用电）"，由客户在后续环节补充完善。 （5）客户增容后用电设备容量在100千瓦以上或需用变压器容量在50千伏安以上的，采用高压供电，按原用电户销户并新装处理
2		指导填写工作表单	指导客户填写"低压非居民用电登记表"，双方签字盖章后，一份交客户，一份归档	

108

续表

序号	流程环节	作业步骤	作业内容	注意事项
3	业务受理	实时录入业务系统	在营销系统发起低压非居民增容流程，读取身份证信息，完成基本信息录入	对客户提供身份证申请的，直接通过身份证信息读取器录入系统；对于其他身份证明或不能读取的，将原件通过拍照、扫描录入系统
4		资料电子化	将客户提交资料、工作表单实时拍照上传档案系统	原件拍照、扫描录入档案系统后，不再需要另行复印存档
5		履行一次性告知	将"用电业务办理告知书（低压非居民新装、增容及低压装表临时用电）"交给客户，并交代后续业务办理相关事项	向客户推广和宣传非现金交费方式，告知客户办理批扣业务，并按时交费
6		业务流程发送	将业务流程发送至下一环节	
7	供电方案答复	答复供电方案	（1）同意供电的，打印"低压供电方案答复单"，通知客户签收，同时将流程发送至下一环节。 （2）不具备供电条件的，电话告知客户，并将流程直接发送至"资料归档"环节	如客户未在规定时间内签收"低压供电方案答复单"，直接将流程发送至下一环节

五 装表临时用电（低压）

业务说明：适用于低压基建工地、农田水利、市政建设等非永久性用电客户申请临时性新装业务。

序号	流程环节	作业步骤	作业内容	注意事项
1	业务受理	确认客户信息	接受客户申请，了解业务需求，审核申请资料	（1）使用《浙江省电监办关于受电工程建设有关事项的提示》，向客户说明"三不指定"事项，指导客户使用"浙江电力用户受电工程市场信息与监管系统"。（2）对资料不齐全的，采取"一证受理"，签署"承诺书"、使用"用电业务办理告知书（低压非居民新装、增容及低压装表临时用电）"，由客户在后续环节补充完善。（3）房屋合法产权证明文件上的地址与用电地址应一致
2		指导填写工作表单	指导客户填写"低压非居民用电登记表"，双方签字盖章后，一份交客户，一份归档	
3		实时录入业务系统	在营销系统发起装表临时用电流程，读取身份证信息，完成基本信息录入	对客户提供身份证申请的，直接通过身份证信息读取器入系统；对于其他身份证明或不能读取的，将原件通过拍照、扫描录入系统

续表

序号	流程环节	作业步骤	作业内容	注意事项
4	业务受理	资料电子化	将客户提交资料、工作表单实时拍照上传档案系统	（1）原件拍照、扫描录入档案系统后，不再需要另行复印存档。 （2）房屋产权证明录入档案系统必备资料内容： 1）私人建房中的产权权属证明资料：含权属编号、权属人身份信息、产权地址信息页。 2）基建施工项目中的土地开发证明、规划开发证明、用地批准：整页。 3）市政建设中的工程中标通知书、施工合同或政府有关证明：整页（施工合同为权属人身份信息、产权地址信息页及签字、盖章页）。 4）统建住宅小区报装中的规划图、规划许可证：整页。 5）房管、城建、国土管理有权部门开具的产权合法证明：整页
5		履行一次性告知	将"用电业务办理告知书（低压非居民新装、增容及低压装表临时用电）"交给客户，并交代后续业务办理相关事项	
6		业务流程发送	将业务流程发送至下一环节	

续表

序号	流程环节	作业步骤	作业内容	注意事项
7	供电方案答复	答复供电方案	（1）同意供电的，打印"低压供电方案答复单"，通知客户签收，同时将流程发送至下一环节。（2）不具备供电条件的，电话告知客户，并将流程直接发送至"资料归档"环节	如客户未在规定时间内签收"低压供电方案答复单"，直接将流程发送至下一环节
8	业务收费	业务收费	根据费用确定情况，收取营业费用，将流程发送至下一环节	严格按照确定的费用金额收取，不得多收和少收

六 无表临时用电

业务说明：适用于现场无装表条件的广场（展会）活动等非永久性低压用电客户申请临时性新装业务。

序号	流程环节	作业步骤	作业内容	注意事项
1	业务受理	确认客户信息	接受客户申请，了解业务需求，审核申请资料	（1）房屋合法产权证明文件上的地址与用电地址应一致。 （2）"无表临时用电新装"申请，不适用"同城受理"或"远程受理"
2		指导填写工作表单	指导客户填写"低压非居民用电登记表"，双方签字盖章后，一份交客户，一份归档	
3		实时录入业务系统	在营销系统发起无表临时用电流程，读取身份证信息，完成基本信息录入	对客户提供身份证申请的，直接通过身份证信息读取器录入系统；对于其他身份证明或不能读取的，将原件通过拍照、扫描录入系统
4		资料电子化	将客户提交资料、工作表单实时拍照上传档案系统	（1）原件拍照、扫描录入档案系统后，不再需要另行复印存档。 （2）房屋产权证明录入档案系统时应当是证明资料的整页

续表

序号	流程环节	作业步骤	作业内容	注意事项
5	业务受理	履行一次性告知	交代后续业务办理相关事项	
6		业务流程发送	将业务流程发送至下一环节	
7	收取临时用电电费	收取电费	向客户收取电费，将流程发送至下一环节	严格按照确定的费用金额收取，不得多收和少收

七 批量新装

业务说明：适用于新建居民小区（写字楼），包括小区（写字楼）内所有低压居民、低压非居客户新装业务。批量新装主要有以下两种模式：

（1）"集中装表、分户接电"模式。在新小区交付前，由房产公司以"房产公司名称"统一开户办理用电申请手续，供电公司集中完成装表与采集系统建设，随后利用采集系统远程控制功能对小区居民所有表计实施停电。待客户办理实名制装表接电申请手续后，在规定时间内恢复供电。

（2）非"集中装表、分户接电"模式。在新小区开盘销售后，房产公司受购房业主的委托，携带购房合同、业主身份证复印件等资料，对已售房屋以"购房业主名称"统一代为办理用电申请手续。

序号	流程环节	作业步骤	作业内容	注意事项
1	业务受理	确认客户信息	接受客户申请，了解业务需求，审核申请资料	（1）对资料不齐全的，采取"一证受理"，签署"承诺书"、使用"用电业务办理告知书（批量新装）"，由客户在后续环节补充完善。 （2）新小区开盘销售后，业主本人或其委托人携带有效身份证明、房屋产权合法证明等资料，自行办理用电申请手续的，业务规范与低压居民新装业务规范相同
2		指导填写工作表单	指导客户填写"低压批量用电登记表"、"低压批量用电清单"，双方签字盖章后，一份交客户，一份归档	（1）实名制开户。其中："集中装表、分户接电"模式可以"房产公司名称"开户，非"集中装表、分户接电"模式应以购房业主实名开户。 （2）基础信息真实。非"集中装表、分户接电"模式开户的，联系人、联系方式等基础信息应与购房业主真实信息一致

续表

序号	流程环节	作业步骤	作业内容	注意事项
3	业务受理	实时录入业务系统	在营销系统发起低压批量新装流程，读取经办人身份证信息，并完成基本信息录入	（1）对房产商提供身份证申请的，直接通过身份证信息读取器录入系统；对于其他身份证明或不能读取的，将原件通过拍照、扫描录入系统。 （2）需与客户（开发商）核对开户清单，做到不遗漏、无差错。 （3）用电地址必须明确到"幢"、"单元"和"门牌号"。 （4）在非"集中装表、分户接电"模式下，用电户名不应超过四个字，超过四个字应申报白名单。 （5）在"集中装表，分户接电"模式下，须在【停电标识】页面勾选所有客户的停电标志维护成"是"，流程归档后会发起无欠费停电流程
4		资料电子化	将客户提交资料、工作表单实时拍照上传档案系统	原件拍照、扫描录入档案系统后，不再需要另行复印存档
5		履行一次性告知	交代后续业务办理相关事项	（1）"集中装表、分户接电"模式。应主动告知业务完成后电表将暂不通电，单户开通需向供电企业申请办理过户手续，提供客户身份证明、产权证明等相关资料。 （2）非"集中装表、分户接电"模式下，向客户推广和宣传非现金交费方式，告知客户办理批扣业务，并按时交费
6		业务流程发送	将业务流程发送至下一环节	在"集中装表、分户接电"模式下，客户办理实名制装表接电申请手续时，按"过户"业务规范进行

八 高压新装

业务说明：适用于高压客户申请新装业务。

序号	流程环节	作业步骤	作业内容	注意事项
1	业务受理	确认客户信息	接受客户申请，了解业务需求，审核申请资料	（1）自然人申请仅限于居民生活用电。 （2）优先提供营业执照，无营业执照的可提供组织机构代码证等。 （3）使用《浙江省电监办关于受电工程建设有关事项的提示》，向客户说明"三不指定"事项，指导客户使用"浙江电力用户受电工程市场信息与监管系统"。 （4）对必备资料不齐全的，采取"一证受理"，签署"承诺书"，使用"用电业务办理告知书（高压新装、增容、增装及高压装表临时用电）"，由客户在后续环节补充完善。 （5）房屋合法产权证明文件上的地址与用电地址应一致。 （6）受理时只对项目批复（核准、备案）文件的完整性进行审查，其有效性由客户经理判断。 （7）受理时根据《重要电力用户电源配置管理办法》（浙经信电力〔2010〕305号）判断重要电力用户等级。 （8）对涉及国家优待电价的，应提供政府有权部门核发的证明材料

续表

序号	流程环节	作业步骤	作业内容	注意事项
2		指导填写工作表单	指导客户填写"高压客户用电登记表","客户主要用电设备清单",双方签字盖章后,一份交客户,一份归档	
3		实时录入业务系统	在营销系统发起高压新装流程,读取身份证信息,完成基本信息录入	对客户提供身份证申请的,直接通过身份证信息读取器录入系统;对于其他身份证明或不能读取的,将原件通过拍照、扫描录入系统
4	业务受理	GIS定位	通过【GIS定位】在营配贯通系统中初步选定客户报装位置,并与客户进行核对和确认	
5		资料电子化	将客户提交资料、工作表单实时拍照上传档案系统	(1)原件拍照、扫描录入档案系统后,应将复印件存档。 (2)房屋产权证明录入档案系统必备资料及内容: 1)房屋所有权证、国有土地使用证、集体土地使用证:含权属编号、权属人身份信息、产权地址信息页。 2)购房合同:封面,含身份、地址等身份信息页,以及买卖双方签署页。 3)判决书、裁定书、调解书、执行书:首部(写明民事案件的当事人、诉讼代理人的基本情况以及案由页)、主文中含有明确房屋产权判词页、尾部(写明审判庭的组成、人民法院名称、盖章页)。 4)房管、城建、国土管理等有权部门开具的产权合法证明:整页

续表

序号	流程环节	作业步骤	作业内容	注意事项
6	业务受理	履行一次性告知	将"用电业务办理告知书（高压新装、增容、增装及高压装表临时用电）"交给客户，并交代后续业务办理相关事项	
7		业务流程发送	将业务流程发送至下一环节	
8	供电方案答复	答复供电方案	（1）同意供电的： ①打印"高压供电方案答复单"，通知客户签收并交纳营业费用。 ②将流程发送至下一环节。 ③将后续环节客户所需工作表单一次性交给客户。 （2）不具备供电条件的： ①打印"高压供电方案答复单"，通知客户签收。 ②将流程直接发送至"资料归档"环节	（1）按国家规定需办理环评报告、节能评估报告（登记表）的35千伏及以上的客户，在受理环节没有提交上述资料的，应当在供电方案答复前予以收集完善。 （2）如客户未在规定时间内签收"高压供电方案答复单"，直接将流程发送至下一环节
9	业务收费	业务收费	根据费用确定情况，收取营业费用，将流程发送至下一环节	严格按照确定的费用金额收取，不得多收和少收

序号	流程环节	作业步骤	作业内容	注意事项
10	设计文件受理（重要或有特殊负荷客户）	设计文件受理	（1）接收并清点客户资料。 （2）将流程发送至下一环节	
11	中间检查受理（重要或有特殊负荷客户）	中间检查受理	（1）接收并清点客户资料。 （2）将流程发送至下一环节	
12	竣工报验	竣工报验	（1）接收并清点客户资料。 （2）将流程发送至下一环节	重要或有特殊负荷客户若在设计文件审核和中间检查环节已提供相应资料，且设计、施工单位未发生变更的，在竣工报验环节不需要再次提供

九 高压增容（增装）

业务说明：适用于高压客户增加用电容量（或增加供电电源）的用电业务。

序号	流程环节	作业步骤	作业内容	注意事项
1	业务受理	确认客户信息	接受客户申请，了解业务需求，审核申请资料	（1）自然人申请仅限于居民生活用电。 （2）优先提供营业执照，无营业执照的可提供组织机构代码证等。 （3）使用《浙江电监办关于受电工程建设有关事项的提示》，向客户说明"三不指定"事项，指导客户使用"浙江电力用户受电工程市场信息与监管系统"。 （4）对资料不齐全的，采取"一证受理"，签署"承诺书"、使用"用电业务办理告知书"，由客户在后续环节补充完善。 （5）房屋合法产权证明文件上的地址与用电地址应一致。 （6）受理时只对项目批复（核准、备案）文件的完整性进行审查，其有效性由客户经理判断。 （7）受理时根据《重要电力用户电源配置管理办法》（浙经信电力〔2010〕305号）判断重要电力用户等级

续表

序号	流程环节	作业步骤	作业内容	注意事项
2	业务受理	指导填写工作表单	指导客户填写"高压客户用电登记表"、"客户主要用电设备清单",双方签字盖章后,一份交客户,一份归档	
3		实时录入业务系统	在营销系统发起高压增容(增装)流程,读取身份证信息,完成基本信息录入	(1)对客户提供身份证申请的,直接通过身份证信息读取器录入系统;对于其他身份证明或不能读取的,将原件通过拍照、扫描录入系统。 (2)对于客户要求增加供电电源的,选择"增装"下拉项
4		资料电子化	将客户提交资料、工作表单实时拍照上传档案系统	原件拍照、扫描录入档案系统后,应将复印件存档
5		履行一次性告知	将"用电业务办理告知书(高压新装、增容、增装及高压装表临时用电)"交给客户,并交代后续业务办理相关事项	
6		业务流程发送	将流程发送至下一环节	

续表

序号	流程环节	作业步骤	作业内容	注意事项
7	供电方案答复	答复供电方案	（1）同意供电的： ①打印"高压供电方案答复单"，通知客户签收并交纳营业费用。 ②将流程发送至下一环节。 ③将后续环节客户所需工作表单一次性交给客户。 （2）不具备供电条件的： ①打印"高压供电方案答复单"，通知客户签收。 ②将流程直接发送至"资料归档"环节	（1）按国家规定需办理环评报告、节能评估报告（登记表）的35千伏及以上的客户，在受理环节没有提交上述资料的，应当在供电方案答复前予以收集完善。 （2）如客户未在规定时间内签收"高压供电方案答复单"，直接将流程发送至下一环节
8	业务收费	业务收费	根据费用确定情况，收取营业费用，将流程发送至下一环节	严格按照确定的费用金额收取，不得多收和少收
9	设计文件受理（重要或有特殊负荷客户）	设计文件受理	（1）接收并清点客户资料。 （2）将流程发送至下一环节	
10	中间检查受理（重要或有特殊负荷客户）	中间检查受理	（1）接收并清点客户资料。 （2）将流程发送至下一环节	
11	竣工报验	竣工报验	（1）接收并清点客户资料。 （2）将流程发送至下一环节	重要或有特殊负荷客户若在设计文件审核和中间检查环节已提供相应资料，且设计、施工单位未发生变更的，在竣工报验环节不需要再次提供

✚ 装表临时接电（高压）

业务说明：适用于供电电压为10千伏及以上的基建工地、农田水利、市政建设等非永久性用电的新装业务。

序号	流程环节	作业步骤	作业内容	注意事项
1	业务受理	确认客户信息	接受客户申请，了解业务需求，审核申请资料	（1）使用《浙江省电监办关于受电工程建设有关事项的提示》，向客户说明"三不指定"事项，指导客户使用"浙江电力用户受电工程市场信息与监管系统"。 （2）对资料不齐全的，采取"一证受理"，签署"承诺书"、使用"用电业务办理告知书（高压新装、增容、增装及高压装表临时用电）"，由客户在后续环节补充完善。 （3）房屋合法产权证明文件上的地址与用电地址应一致
2		指导填写工作表单	指导客户填写"高压客户用电登记表"，"客户主要用电设备清单"，双方签字盖章后，一份交客户，一份归档	
3		实时录入业务系统	在营销系统发起高压新装流程，读取身份证信息，完成基本信息录入	对客户提供身份证申请的，直接通过身份证信息读取器录入系统；对于其他身份证明或不能读取的，将原件通过拍照、扫描录入系统

续表

序号	流程环节	作业步骤	作业内容	注意事项
4		GIS定位	通过【GIS定位】在营配贯通系统中初步选定客户报装位置，并与客户进行核对和确认	
5	业务受理	资料电子化	将客户提交资料、工作表单实时拍照上传档案系统	（1）原件拍照、扫描录入档案系统后，应将复印件存档。 （2）房屋产权证明录入档案系统必备资料及内容： 1）私人建房中的产权权属证明资料：含权属编号、权属人身份信息、产权地址信息页。 2）基建施工项目中的土地开发证明、规划开发证明、用地批准：整页。 3）市政建设中的工程中标通知书、施工合同或政府有关证明：整页（施工合同为权属人身份信息、产权地址信息页及签字、盖章页）。 4）统建住宅小区报装中的规划图、规划许可证：整页。 5）房管、城建、国土管理有权部门开具的产权合法证明：整页
6		履行一次性告知	将"用电业务办理告知书（高压新装、增容、增装及高压装表临时用电）"交给客户，并交代后续业务办理相关事项	
7		业务流程发送	将流程发送至下一环节	

续表

序号	流程环节	作业步骤	作业内容	注意事项
8	供电方案答复	答复供电方案	（1）同意供电的： ①打印"高压供电方案答复单"，通知客户签收并交纳营业费用。 ②将流程发送至下一环节。 ③将后续环节客户所需工作表单一次性交给客户。 （2）不具备供电条件的： ①打印"高压供电方案答复单"，通知客户签收。 ②将流程直接发送至"资料归档"环节	如客户未在规定时间内签收"高压供电方案答复单"，直接流程发送至下一环节
9	业务收费	业务收费	根据费用确定情况，收取营业费用，将流程发送至下一环节	严格按照确定的费用金额收取，不得多收和少收
10	设计文件受理（重要或有特殊负荷客户）	设计文件受理	（1）接收并清点客户资料。 （2）将流程发送至下一环节	
11	中间检查受理（重要或有特殊负荷客户）	中间检查受理	（1）接收并清点客户资料。 （2）将流程发送至下一环节	
12	竣工报验	竣工报验	（1）接收并清点客户资料。 （2）将流程发送至下一环节	重要或有特殊负荷客户若在设计文件审核和中间检查环节已提供相应资料，且设计、施工单位未发生变更的，在竣工报验环节不需要再次提供

十一 居民家庭分布式光伏发电并网

业务说明：适用于居民客户初次向供电企业申请以自发自用为主，并将多余电量接入电网的分布式光伏发电并网业务。

序号	流程环节	作业步骤	作业内容	注意事项
1	业务受理	确认客户信息	接受客户申请，了解业务需求，审核申请资料	（1）居民分布式光伏项目由电网企业代为向当地能源主管部门办理项目备案。 （2）光伏电池、逆变器等设备需取得国家授权的有资质的检测机构检测报告。 （3）对资料不齐全的，使用"用电业务办理告知书（居民分布式电源并网服务）"，在客户补充完善后再予受理。 （4.）提供绿色通道
2		指导填写工作表单	指导客户填写"居民家庭分布式光伏发电项目并网申请表"；双方签字盖章后，一份交客户，一份存档	
3		实时录入业务系统	在营销系统发起居民分布式电源新装流程，读取身份证信息，完成基本信息录入	对客户提供身份证申请的，直接通过身份证信息读取器录入系统；对于其他身份证明或不能读取的，将原件通过拍照、扫描录入系统

续表

序号	流程环节	作业步骤	作业内容	注意事项
4	业务受理	履行一次性告知	将"用电业务办理告知书（居民分布式电源并网服务）"交给客户，并交代后续业务办理相关事项	
5		业务流程发送	将业务流程发送至下一环节	
6	受理设计审查申请	受理设计审查申请	将业务流程发送至下一环节	
7	受理并网验收申请	受理并网验收申请	（1）接收并清点客户资料。（2）将流程发送至下一环节	

十二 非居民分布式电源并网申请

业务说明：适用于非居民客户初次向供电企业申请以自发自用为主，并将多余电量接入原有电网的业务。

序号	流程环节	作业步骤	作业内容	注意事项
1	业务受理	确认客户信息	接受客户申请，了解业务需求，审核申请资料	（1）光伏电池、逆变器等设备，需取得国家授权的有资质的检测机构的检测报告。 （2）使用《浙江省电监办关于受电工程建设有关事项的提示》，向客户说明"三不指定"事项，指导客户使用"浙江电力用户受电工程市场信息与监管系统"。 （3）对资料不齐全的，使用"用电业务办理告知书（非居民分布式电源并网服务）"，在客户补充完善后再予受理。 （4）提供绿色通道
2		指导填写工作表单	指导客户填写"分布式电源项目接入申请表（高压分布式电源申请）"；双方签字盖章后，一份交客户，一份存档	
3		实时录入业务系统	在营销系统发起非居民分布式电源新装流程，读取身份证信息，完成基本信息录入	对客户提供身份证申请的，直接通过身份证信息读取器录入系统；对于其他身份证明或不能读取的，将原件通过拍照、扫描录入系统

续表

序号	流程环节	作业步骤	作业内容	注意事项
4	业务受理	履行一次性告知	将"用电业务办理告知书（非居民分布式电源并网服务）"交给客户，并交代后续业务办理相关事项	
5		业务流程发送	将流程发送至下一环节	
6	受理设计审查申请（380伏多并网点和10千伏、35千伏分布式电源并网项目）	受理设计审查申请	（1）接收并清点客户资料。（2）将流程发送至下一环节	
7	受理并网验收申请	受理并网验收申请	（1）接收并清点客户资料。（2）将流程发送至下一环节	

十三 低压客户电动汽车充换电设施申请

业务说明：适用于低压客户在自有产权或拥有使用权的停车位（库）建设充电设施而申请用电的新装业务。

序号	流程环节	作业步骤	作业内容	注意事项
1		确认客户信息	接受客户申请，了解业务需求，审核申请资料	（1）使用《浙江省电监办关于受电工程建设有关事项的提示》，向客户说明"三不指定"事项，指导客户使用"浙江电力用户受电工程市场信息与监管系统"。 （2）对资料不齐全的，使用"用电业务办理告知书（低压充换电设施）"，在客户补充完善后再予受理
2	业务受理	指导填写工作表单	指导客户填写"充换电设施报装申请表"，双方签字盖章后，一份交客户，一份归档	居民客户在受理时，同步签订"电动汽车充电桩供用电协议"
3		履行一次性告知	将"用电业务办理告知书（低压充换电设施）"交给客户，并交代后续业务办理相关事项	
4		资料移交	移交客户经理进行现场勘查	

131

十四 高压客户电动汽车充换电设施申请

业务说明：适用于高压客户在政府机关、公用机构、大型商业区、居民社区等公共区域建设充换电设施而申请用电的新装业务。

序号	流程环节	作业步骤	作业内容	注意事项
1	业务受理	确认客户信息	接受客户申请，了解业务需求，审核申请资料	（1）使用《浙江省电监办关于受电工程建设有关事项的提示》，向客户说明"三不指定"事项，指导客户使用"浙江电力用户受电工程市场信息与监管系统"。 （2）对资料不齐全的，采取"一证受理"，签署"承诺书"、使用"用电业务办理告知书（高压充换电设施）"，由客户在后续环节补充完善
2		指导填写工作表单	指导客户填写"充换电设施报装申请表"，双方签字盖章后，一份交客户，一份归档	
3		履行一次性告知	将"用电业务办理告知书（高压充换电设施）"交给客户，并交代后续业务办理相关事项	
4		资料移交	移交客户经理进行现场勘查	

续表

序号	流程环节	作业步骤	作业内容	注意事项
5	供电方案答复	答复供电方案	（1）同意供电的： 1）指导客户填写"高压客户充换电设施供电方案答复书"，通知客户签收并交纳营业费用。 2）将资料移交客户经理。 3）将后续环节客户所需工作表单一次性交给客户。 （2）不具备供电条件的，电话告知客户，并将资料移交客户经理归档	
6	业务收费	业务收费	根据费用确定情况，收取营业费用，将流程发送至下一环节	严格按照确定的费用金额收取，不得多收和少收
7	设计文件受理	设计文件受理	（1）接收并清点客户资料。 （2）将流程发送至下一环节	
8	中间检查受理	中间检查受理	（1）接收并清点客户资料。 （2）将流程发送至下一环节	
9	竣工报验	竣工报验	（1）接收并清点客户资料。 （2）将流程发送至下一环节	

十五 过户

业务说明：过户业务主要适用于以下两种模式。
第一种模式：适用于"集中装表，分户接电"模式的小区客户，申请实名制接电时，同步变更用电户名称的业务。
第二种模式：适用于"集中装表，分户接电"模式以外，客户在用电地址、用电容量、用电类别不变条件下，由于客户产权或法人代表变更，要求变更用电户名称的业务。

序号	流程环节	作业步骤	作业内容	注意事项
1	业务受理	确认客户信息	接受客户申请，了解业务需求，审核申请资料	（1）优先提供营业执照，无营业执照的可提供组织机构代码证等。 （2）含有"原用电户用电地址上的房屋、土地、用电设施所有权变动或公司破产清算"内容的判词，且发生法律效力的法院法律文书（判决书、裁定书、调解书、执行书等），可由申请人单方办理。 （3）自然人：原用电户无法提供资料和签字的，可由申请人代理。 （4）法人或其他组织：原用电户属于租赁客户，且无法提供资料的，可由房屋产权人代理，但需提供房屋产权人出具的解除原租赁户租赁协议的文书。 （5）法人或其他组织：原用电户单位注销的，可由工商注销证明代替。 （6）当办理过户后，新户转为"重要电力用户、'高污染，高耗能'、享受国家优待电价"等，用电性质发生重大变化的，不得办理过户申请，应当按照原户销户并新装处理。 （7）居民用电户名须与房屋所有权人一致。 （8）原用电户有欠费的（不包括当月电费），需交纳欠费后方可办理。

续表

序号	流程环节	作业步骤	作业内容	注意事项
				（9）临时用电客户不可办理。 （10）对资料不齐全的，使用"用电业务办理告知书（过户）"，在客户补充完善后再予受理
2	业务受理	指导客户填写申请表单	指导客户填写"客户变更用电（丙类）申请表"、"浙江城乡居民电表过户申请事项告知单"（法人或其他组织以及"集中装表，分户接电"实名制申请用电的不需要提供），双方签字盖章后，一份交客户，另一份归档	
3		实时录入业务系统	在营销系统发起过户流程，读取身份证信息，完成基本信息录入，依据收费标准确定并收取用电变更申请手续费	（1）相应更新客户联系信息及短信订阅信息。 （2）居民客户办理不收取用电变更申请手续费。 （3）严格按照确定的费用金额收取，不得多收和少收。 （4）对客户提供身份证申请的，直接通过身份证信息读取器录入系统；对于其他身份证明或不能读取的，将原件通过拍照、扫描录入系统。 （5）增值税客户需同时办理增值税变更业务。过户前及过户期间的特抄底度电费由原用电户交纳的，跟踪至客户过户流程结束后，办理增值税变更流程；过户前及过户期间特抄的底度电费由新客户交纳的，在过户流程中同时更新客户增值税信息。

序号	流程环节	作业步骤	作业内容	注意事项
3				（6）托收客户需同时办理托收取消业务。过户前及过户期间的特抄底度电费由原用电户交纳的，跟踪至客户过户流程结束后，办理托收终止流程；过户前及过户期间的特抄底度电费由新客户交纳的，在过户之前先为原客户办理托收终止业务。 （7）原用电户为增值税客户的，过户时必须办理增值税信息变更业务，如客户未办理的，待过户流程结束后将新客户的发票类型改为普通发票
4	业务受理	资料电子化	将客户提交资料、工作表单实时拍照上传档案系统	（1）原件拍照、扫描录入档案系统后，其中：低压客户不需要另行复印存档，高压客户应将复印件存档。 （2）房屋产权证明录入档案系统必备资料内容： 1）房屋所有权证、国有土地使用证、集体土地使用证：含权属编号、权属人身份信息、产权地址信息页。 2）购房合同：封面、含身份、地址等身份信息页，以及买卖双方签署页。 3）判决书、裁定书、调解书、执行书：首部（写明民事案件的当事人、诉讼代理人的基本情况以及案由页）、主文中含有明确房屋产权判词页、尾部（写明审判庭的组成、人民法院名称、盖章页）。 4）房管、城建、国土管理有权部门开具的产权合法证明：整页
5		履行一次性告知	将"用电业务办理告知书（过户）"交由客户，并交代后续业务办理相关事项	
6		业务流程发送	将流程发送至下一环节	

十六 更名

业务说明：适用于在用电地址、用电容量、用电类别不变的情况下，且同时满足产权、法人代表不变、不需要电费特抄结算三项条件时，客户只要求改变用电户名称的业务。

序号	流程环节	作业步骤	作业内容	注意事项
1	业务受理	确认客户信息	接受客户申请，了解业务需求，审核申请资料	（1）临时用电客户不可办理。 （2）对资料不齐全的，使用"用电业务办理告知书（更名）"，在客户补充完善后再予受理。 （3）原客户有欠费的（不包括当月电费），需交纳欠费后方可办理
2		指导客户填写申请表单	指导客户填写"客户变更用电（两类）申请表"、"居民电表更名申请事项告知单"（居民客户签收），双方签字盖章后，一份交客户，另一份归档	
3		实时录入业务系统	在营销系统发起更名流程，读取身份证信息，完成基本信息录入，依据收费标准，确定并收取用电变更申请手续费	（1）相应更新客户联系信息及短信订阅信息。 （2）对客户提供身份证申请的，直接通过身份证信息读取器录入系统；对于其他身份证明或不能读取的，将原件通过拍照、扫描录入系统。 （3）客户分类为居民的，不收取用电变更申请手续费。 （4）严格按照确定的费用金额收取，不得多收和少收

续表

序号	流程环节	作业步骤	作业内容	注意事项
4		资料电子化	将客户提交资料、工作表单实时拍照上传档案系统	原件拍照、扫描录入档案系统后，其中：低压客户不需要另行复印存档，高压客户应将复印件存档
5	业务受理	履行一次性告知	将"用电业务办理告知书（更名）"交由客户，并交代后续业务办理相关事项	
6		业务流程发送	将流程发送至下一环节	

十七 减容

业务说明：适用于高压客户在正式用电后，申请减少供用电合同约定用电容量的一种变更用电业务。减容分为临时性减容和永久性减容。

序号	流程环节	作业步骤	作业内容	注意事项
1	业务受理	确认客户信息	接受客户申请，了解业务需求，审核申请资料	（1）客户只携带"加盖单位公章的业务申请表单"或"公章"办理业务的，应同步在档案系统内核查营业执照等证件资料是否在有效期内。在有效期内的，准予业务办理；已经失效的，在客户补充完善有效证件资料后再予受理。 （2）优先提供营业执照，无营业执照的可提供组织机构代码证等。 （3）若减容办理中无工程的，客户只需要在业务受理环节提交相关资料，其他业务环节不需要提交。 （4）使用《浙江省电监办关于受电工程建设有关事项的提示》，向客户说明"三不指定"事项，指导客户使用"浙江电力用户受电工程市场信息与监管系统"。 （5）对资料不齐全的，使用"用电业务办理告知书（减容、减容恢复）"，在客户补充完善后再予受理。 （6）客户减容需提前5天申请。 （7）减容期限最短不得少于6个月，最长不得超过2年。 （8）减容期满后的客户以及新装、增容客户，2年内不得申办减容。如客户确需继续办理减容的，应告知客户减少部容量的基本电费应按50%计算收取。

续表

序号	流程环节	作业步骤	作业内容	注意事项
1	业务受理			（9）客户申请永久减容的，且减容后的容量已达不到实施两部制电价规定容量标准时，应告知客户将改为单一制电价计费。 （10）如果申请客户的基本电价类别为"最大需量"计费时，应告知客户应另行申请更改'最大需量定额'定值，并从下一计费月开始执行。 （11）客户有欠费的（不包括当月电费），需交纳欠费后方可办理
2		指导填写工作表单	指导客户填写"客户用电变更（甲类）申请表"，双方签字盖章后，一份交客户，另一份归档	
3		实时录入业务系统	在营销系统发起减容流程，读取身份证信息，完成基本信息录入，依据收费标准，确定并收取用电变更申请手续费	（1）对客户提供身份证申请的，直接通过身份证信息读取器录入系统；对于其他身份证明或不能读取的，将原件通过拍照、扫描录入系统。 （2）严格按照确定的费用金额收取，不得多收和少收
4		资料电子化	将客户提交资料、工作表单实时拍照上传档案系统	原件拍照、扫描录入档案系统后，应将复印件存档
5		履行一次性告知	将"用电业务办理告知书（减容、减容恢复）"交给客户，并交代后续业务办理相关事项	

140

续表

序号	流程环节	作业步骤	作业内容	注意事项
6	业务受理	业务流程发送	将业务流程发送至下一环节	
7	供电方案答复	答复供电方案	（1）同意供电的： 1）打印"高压供电方案答复单"，通知客户签收并交纳营业费用。 2）将流程发送至下一环节。 3）将后续环节客户所需工作表单一次性交给客户。 （2）不具备供电条件的： 1）打印"高压供电方案答复单"，通知客户签收。 2）将流程直接发送至"资料归档"环节	如客户未在规定时间内签收"高压供电方案答复单"，直接将流程发送至下一环节
8	设计文件受理	设计文件受理	（1）接收并清点客户资料。 （2）将流程发送至下一环节	
9	中间检查受理	中间检查受理	（1）接收并清点客户资料。 （2）将流程发送至下一环节	若减容办理中有工程的，中间检查和竣工报验阶段施工单位为同一家，施工单位资质可不重复提交
10	竣工报验	竣工报验	（1）接收并清点客户资料。 （2）将流程发送至下一环节	

十八 减容恢复

业务说明：适用于临时性减容客户申请恢复用电容量的一种变更用电业务。

序号	流程环节	作业步骤	作业内容	注意事项
1	业务受理	确认客户信息	接受客户申请，了解业务需求，审核申请资料	（1）客户减容恢复需提前5天申请。 （2）客户提出恢复用电容量的时间如超过两年的，应按新装（或增容）办理。 （3）若减容恢复办理中无工程的，客户只需要在业务受理环节提交相关资料
2		指导填写工作表单	指导客户填写"客户用电变更（甲类）申请表"，双方签字盖章后，一份交客户，另一份归档	
3		实时录入业务系统	在营销系统发起减容恢复流程，读取身份证信息，完成基本信息录入，依据收费标准，确定并收取用电变更申请手续费	（1）对客户提供身份证申请的，直接通过身份证信息读取器录入系统；对于其他身份证明或不能读取的，将原件通过拍照、扫描录入系统。 （2）减容恢复不收取用电变更申请手续费。 （3）严格按照确定的费用金额收取，不得多收和少收
4		资料电子化	将客户提交资料、工作表单实时拍照上传档案系统	原件拍照、扫描录入档案系统后，应将复印件存档

续表

序号	流程环节	作业步骤	作业内容	注意事项
5	业务受理	履行一次性告知	将"用电业务办理告知书（减容、减容恢复）"交由客户，并交代后续业务办理相关事项	
6		业务流程发送	将业务流程发送至下一环节	
7	竣工报验	竣工报验	（1）接收并清点客户资料。（2）将流程发送至下一环节	

十九 暂停（暂停恢复）

业务说明：适用于供电电压等级10千伏及以上高压客户在正式用电后，申请暂时停止或恢复全部或部分受电设备的用电的变更用电业务。

序号	流程环节	作业步骤	作业内容	注意事项
1	业务受理	确认客户信息	接受客户申请，了解业务需求，审核申请资料	（1）客户只携带"加盖单位公章的业务申请表单"或"公章"办理业务的，应同步在档案系统内核查营业执照等证件资料是否在有效期内。在有效期内的，准予业务办理；已经失效的，在客户补充完善后有效证件资料后再予受理。 （2）优先提供营业执照，无营业执照的可提供组织机构代码证等。 （3）临时用电客户不可办理。 （4）对资料不齐全的，使用"用电业务办理告知书（暂停、暂停恢复）"，在客户补充完善后再予受理。 （5）客户有欠费的（不包括当月电费），需交纳欠费后方可办理。 （6）暂停及暂停恢复（包括提前恢复）需要提前五天提出申请。 （7）在每一日历年内，可申请全部（含不通过受电变压器的高压电动机）或部分用电容量的暂时停止用电两次，每次不得少于15天，一年累计暂停时间不得超过6个月。季节性用电或国家另有规定的客户，累计暂停时间可以另议。 （8）按变压器容量计收基本电费的，暂停用电必须是整台或整组变压器停止运行。

续表

序号	流程环节	作业步骤	作业内容	注意事项
1		确认客户信息	接受客户申请，了解业务需求，审核申请资料	（9）暂停期满或每一日历年内累计暂停用电时间超过6个月者，不论是否申请恢复用电，从期满之日起，将按合同约定的容量计收其基本电费。 （10）暂停时间少于15天，则暂停期间基本电费照收。 （11）按最大需量计收基本电费，申请暂停用电必须是全部容量（含不通过受电变压器的高压电动机）的暂停，并遵守以上（5）～（8）项的有关规定。 （12）减容期满后的客户或新装、增容客户，两年内将不能申请暂停。如确需继续办理暂停的，暂停部分容量的基本电费应按50%计算收取
2	业务受理	指导填写工作表单	指导客户填写"客户变更用电（甲类）申请表"，双方签字盖章后，一份交客户，另一份归档	若客户需要提前恢复，则需填写"客户变更用电（甲类）申请表"；若按时恢复，无需填写表单申请，系统自动发起暂停恢复流程
3		实时录入业务系统	在营销系统发起暂停或暂停恢复流程，完成基本信息录入，依据收费标准，确定并收取用电变更申请手续费	（1）对客户提供身份证申请的，直接通过身份证信息读取器录入系统；对于其他身份证明或不能读取的，将原件通过拍照、扫描录入系统。 （2）暂停恢复客户不收取用电变更申请手续费，提前恢复也不收取。 （3）严格按照确定的费用金额收取，不得多收和少收

145

续表

序号	流程环节	作业步骤	作业内容	注意事项
4		资料电子化	将客户提交资料、工作表单实时拍照上传档案系统	原件拍照、扫描录入档案系统后，应将复印件存档
5	业务受理	履行一次性告知	将"用电业务办理告知书（暂停、暂停恢复）"交由客户，并交代后续业务办理相关事项	
6		业务流程发送	将业务流程发送至下一环节	

二十 改类

业务说明：适用于客户在同一受电装置内，因电力用途发生变化等原因而引起用电电价类别改变、基本电费结算方式变化、需量值调整、定量定比设置、开通或取消分时电价的业务。

序号	流程环节	作业步骤	作业内容	注意事项
1	业务受理	确认客户信息	接受客户申请，了解业务需求，审核申请资料	（1）客户只携带"加盖单位公章的业务申请表单"或"公章"办理业务的，应同步在档案系统内核查营业执照等证件资料是否在有效期内。在有效期内的，准予业务办理；已经失效的，在客户补充完善后有效证件资料后再予受理。 （2）优先提供营业执照，无营业执照的可提供组织机构代码证等。 （3）临时用电客户不可办理。 （4）对资料不齐全的，使用"用电业务办理告知书（改类）"，在客户补充完善后再予受理。 （5）客户有欠费的（不包括当月电费），需交纳欠费后方可办理。 （6）基本电费结算方式申请变更后，12个月之内应保持不变。 （7）符合大工业用电容量规定的商业客户选择执行大工业用电分时电价的，12个月之内应保持不变

序号	流程环节	作业步骤	作业内容	注意事项
2	业务受理	指导填写工作表单	指导客户填写"客户变更用电（乙类）申请表"、"业务联系单"，双方签字盖章后，一份交客户，另一份归档	
3		实时录入业务系统	在营销系统发起"改类·改类流程"，需量值调整时发起"改类·调整需量用电流程"，完成基本信息录入，依据收费标准确定并收取用电变更申请手续费	（1）对客户提供身份证申请的，直接通过身份证信息读取器录入系统；对于其他身份证明或不能读取的，将原件通过拍照、扫描录入系统。 （2）以下几类情况不收取"用电变更申请手续费"： 1）居民客户办理改类业务； 2）需量值调整的； 3）基本电费结算方式调整的； 4）定比定量申请的； 5）调分时电价的； 6）符合大工业用电容量规定的商业客户选择执行大工业用电分时电价的。 （3）严格按照确定的费用金额收取，不得多收和少收
4		资料电子化	将客户提交资料、工作表单实时拍照上传档案系统	原件拍照、扫描录入档案系统，其中：低压用户不需要另行复印存档，高压客户应将复印件存档
5		履行一次性告知	将"用电业务办理告知书（改类）"交由客户，并交代后续业务办理相关事项	
6		业务流程发送	将业务流程发送至下一环节	

二十一 改类（调居民峰谷表）

业务说明：适用于居民"一户一表"生活用电客户申请开通或取消峰谷电价的业务。

序号	流程环节	作业步骤	作业内容	注意事项
1	业务受理	确认客户信息	接受客户申请，了解业务需求，审核申请资料	（1）对申请人户名与营销业务营销系统内的用电户名不一致的，需要提交房屋或土地产权证明。 （2）对资料不齐全的，使用"用电业务办理告知书（改类·调居民峰谷表）"，在客户补充完善后再予受理。 （3）客户有欠费的（不包括当月电费），需交纳欠费后方可办理
2		指导填写工作表单	指导客户填写"客户变更用电（乙类）申请表"，双方签字盖章后，一份交客户，另一份归档	
3		实时录入业务系统	在营销系统发起"改类·调居民峰谷表流程"，完成基本信息录入	（1）对于需要同时办理更名的，需要在"改类·调居民峰谷表流程"中更改户名，更新客户联系信息等。 （2）对于需要同时办理过户的，需按过户流程处理，可在过户流程中备注开通或取消峰谷电

序号	流程环节	作业步骤	作业内容	注意事项
4		资料电子化	将客户提交资料、工作表单实时拍照上传档案系统	原件拍照、扫描录入档案系统后，不再需要另行复印存档
5	业务受理	履行一次性告知	将"用电业务办理告知书（改类·调居民峰谷表）"交由客户，并交代后续业务办理相关事项	
6		业务流程发送	将业务流程发送至下一环节	在"集中装表，分户接电"模式下，客户办理实名制装表接电申请手续时，按"过户"业务规范

二十三 销户

业务说明：适用于因拆迁、停产、破产等原因申请停止全部用电容量的使用，与供电企业终止供用电关系的业务。

序号	流程环节	作业步骤	作业内容	注意事项
1	业务受理	确认客户信息	接受客户申请，了解业务需求，审核申请资料	（1）优先提供营业执照，无营业执照的可提供组织机构代码证等。 （2）合表客户改造为一户一表时，需先按居民新装办理，再发起销户流程，做到同拆同装。 （3）合表客户销户时，需提醒客户该合表需无其他客户使用才能销户。 （4）客户有欠费的（不包括当月电费），需交纳欠费后方可办理。 （5）对资料不齐全的，使用"用电业务办理告知书（销户）"，在客户补充完善后再予受理
2		指导填写工作表单	指导客户填写"客户变更用电（乙类）申请表"，双方签字盖章后，一份交客户，另一份归档	
3		实时录入业务系统	在营销系统发起销户流程，读取身份证信息，完成基本信息录入，依据收费标准确定并收取用电变更申请手续费。对于因拆迁等原因，批量办理销户的，可发起批量销户流程	（1）对客户提供身份证申请的，直接通过身份证信息读取器录入系统；对于其他身份证明或不能读取的，将原件通过拍照、扫描录入系统。 （2）客户分类为居民的不收取用电变更申请手续费。 （3）严格按照确定的费用金额收取，不得多收和少收

续表

序号	流程环节	作业步骤	作业内容	注意事项
4	业务受理	资料电子化	将客户提交资料、工作表单实时拍照上传档案系统	原件拍照、扫描录入档案系统,其中:低压客户不需要另行复印存档,高压客户应将复印件存档
5		履行一次性告知	将"用电业务办理告知书(销户)"交由客户,并交代后续业务办理相关事项	告知客户销户后,六个月内不得申请同一用电地址、同一客户的新装用电业务
6		业务流程发送	将业务流程发送至下一环节	
7		临时接电费退费受理	临时用电客户销户时,同时受理临时接电费退费业务	

二十三 改压

业务说明：适用于容量不变，只改变电压等级（供电电压10千伏改压至20千伏）而不改变供电服务区的变更用电业务的办理。

序号	流程环节	作业步骤	作业内容	注意事项
1	业务受理	确认客户信息	接受客户申请，了解业务需求，审核申请资料	（1）客户只携带"加盖单位公章的业务申请表单"或"公章"办理业务的，应同步在档案系统内核查营业执照等证件资料是否在有效期内。在有效期内的，准予业务办理；已经失效的，在客户补充完善后有效证件资料后再予受理。 （2）优先提供营业执照，无营业执照的可提供组织机构代码证等。 （3）使用《浙江省电监办关于受电工程建设有关事项的提示》，向客户说明"三不指定"事项，指导客户使用"浙江电力用户受电工程市场信息与监管系统"。 （4）对资料不齐全的，采取"一证受理"，签署"承诺书"、使用"用电业务办理告知书（改压）"，由客户在后续环节补充完善。 （5）客户有欠费的（不包括当月电费），需交纳欠费后方可办理

续表

序号	流程环节	作业步骤	作业内容	注意事项
2	业务受理	指导填写工作表单	指导客户填写"客户用电变更（甲类）申请表"、"客户主要用电设备清单"，双方签字盖章后，一份交客户，另一份归档	
3		实时录入业务系统	在营销系统发起改压流程，读取身份证信息，完成基本信息录入，依据收费标准确定并收取用电变更申请手续费	（1）对客户提供身份证申请的，直接通过身份证信息读取器录入系统；对于用其他身份证明或不能读取的，将原件通过拍照、扫描录入系统。（2）严格按照确定的费用金额收取，不得多收和少收
4		资料电子化	将客户提交资料、工作表单实时拍照上传档案系统	原件拍照、扫描录入档案系统后，应将复印件存档
5		履行一次性告知	将"用电业务办理告知书（改压）"交给客户，并交代后续业务办理相关事项	
6		业务流程发送	将业务流程发送至下一环节	

续表

序号	流程环节	作业步骤	作业内容	注意事项
7	供电方案答复	答复供电方案	（1）同意供电的: 1）打印"高压供电方案答复单"，通知客户签收并交纳营业费用。 2）将流程发送至下一环节。 3）将后续环节客户所需工作表单一次性交给客户。 （2）不具备供电条件的: 1）打印"高压供电方案答复单"，通知客户签收。 2）将流程直接发送至"资料归档"环节	（1）按国家规定需办理环评报告、节能评估报告（登记表）的35千伏及以上的客户，在受理环节没有提交上述资料的，应当在供电方案答复前予以收集完善。 （2）如客户未在规定时间内签收"高压供电方案答复单"，直接将流程发送至下一环节
8	业务收费	业务收费	根据费用确定情况，收取营业费用，将流程发送至下一环节	严格按照确定的费用金额收取，不得多收和少收
9	设计文件受理（重要或有特殊负荷客户）	设计文件受理	（1）接收并清点客户资料。 （2）将流程发送至下一环节	
10	中间检查受理（重要或有特殊负荷客户）	中间检查受理	（1）接收并清点客户资料。 （2）将流程发送至下一环节	
11	竣工报验	竣工报验	（1）接收并清点客户资料。 （2）将流程发送至下一环节	

二十四 暂换（暂换恢复）

业务说明：适用于客户因受电变压器故障而无相同容量变压器替代，需要临时更换大容量变压器或恢复修复的变压器的变更用电业务。

序号	流程环节	作业步骤	作业内容	注意事项
1	业务受理	确认客户信息	接受客户申请，了解业务需求，审核申请资料	（1）客户只携带"加盖单位公章的业务申请表单"或"公章"办理业务的，应同步在档案系统内核查营业执照等证件资料是否在有效期内。在有效期内的，准予业务办理；已经失效的，在客户补充完善后有效证件资料后再予受理。 （2）优先提供营业执照，无营业执照的可提供组织机构代码证等。 （3）临时用电客户不可办理。 （4）对资料不齐全的，使用"用电业务办理告知书（暂换、暂换恢复）"，在客户补充完善后再予受理。 （5）客户有欠费的（不包括当月电费），需交纳欠费后方可办理。 （6）暂换变压器的使用时间，10千伏及以下的不得超过二个月，35千伏及以上的不得超过三个月。 （7）暂换的变压器经检验合格后才能投入运行。 （8）对两部制电价客户，暂换变压器增加的容量按替换后的变压器容量计收基本电费。

续表

序号	流程环节	作业步骤	作业内容	注意事项
2		指导填写工作表单	指导客户填写"客户变更用电（甲类）申请表"，双方签字盖章后，一份交客户，另一份归档	
3	业务受理	实时录入业务系统	在营销系统发起"暂换"或"暂换恢复"流程，完成基本信息录入，依据收费标准确定并收取用电变更申请手续费	（1）对客户提供身份证申请的，直接通过身份证信息读取器录入系统；对于用其他身份证明或不能读取的，将原件通过拍照、扫描录入系统。 （2）暂换恢复不收取用电变更申请手续费。 （3）严格按照确定的费用金额收取，不得多收和少收
4		资料电子化	将客户提交资料、工作表单实时拍照上传档案系统	原件拍照、扫描录入档案系统后，应将复印件存档
5		履行一次性告知	将"用电业务办理告知书（暂换、暂换恢复）"交由客户，并交代后续业务办理相关事项	
6		业务流程发送	将业务流程发送至下一环节	

二十五 增值税用户变更

业务说明：适用于开具、取消增值税发票或变更增值税开票信息的业务。

序号	流程环节	作业步骤	作业内容	注意事项
1	业务受理	确认客户信息	接受客户申请，了解业务需求，审核申请资料	（1）客户只携带"加盖单位公章的业务申请表单"或"公章"办理业务的，应同步在档案系统内核查营业执照等证件资料是否在有效期内。在有效期内的，准予业务办理；已经失效的，在客户补充完善后有效证件资料后再予受理。 （2）优先提供营业执照，无营业执照的可提供组织机构代码证等。 （3）税务登记证中有一般纳税人资格认定的，可不提供一般纳税人资格证书。 （4）临时用电客户不可办理。 （5）客户户名变更时，应同时办理更名或过户。 （6）对资料不齐全的，使用"用电业务办理告知书（增值税用户变更）"，在客户补充完善后再予受理。 （7）客户有欠费的（不包括当月电费），需交纳欠费后方可办理
2		指导客户填写申请表单	指导客户填写"业务联系单"，双方签字盖章后，一份交客户，另一份归档	

续表

序号	流程环节	作业步骤	作业内容	注意事项
3		实时录入业务系统	在营销系统发起增值税用户变更流程,完成基本信息录入	原件拍照、扫描录入档案系统,其中:低压客户不需要另行复印存档,高压客户应将复印件存档
4		资料电子化	将客户提交资料、工作表单实时拍照上传档案系统	原件拍照、扫描录入档案系统,其中:低压客户不需要另行复印存档,高压客户应将复印件存档
5	业务受理	履行一次性告知	将"用电业务办理告知书(增值税用户变更)"交由客户,并交代后续业务办理相关事项	
6		业务流程发送	将业务流程发送至下一环节	

二十六 校验电能表、互感器

业务说明：适用于客户对电能表、互感器的准确性存在疑义，提出校验申请的业务。

序号	流程环节	作业步骤	作业内容	注意事项
1		确认客户信息	接受客户申请，了解业务需求，审核申请资料	（1）优先提供营业执照，无营业执照的可提供组织机构代码证等。 （2）对资料不齐全的，使用"用电业务办理告知书（校验电能表、互感器）"，在客户补充完善后再予受理。 （3）客户有欠费的（不包括当月电费），需交纳欠费后方可办理
2	业务受理	指导客户填写申请表单	指导客户填写"电能表、互感器校验申请表"，双方签字盖章后，一份交客户，另一份归档	
3		实时录入业务系统	在营销系统发起"申请校验"流程，完成基本信息录入，依据收费标准确定并收取申请验表费	

续表

序号	流程环节	作业步骤	作业内容	注意事项
4		资料电子化	将客户提交资料、工作表单实时拍照上传档案系统	原件拍照、扫描录入档案系统后，不再需要另行复印
5	业务受理	履行一次性告知	将"用电业务办理告知书（校验电能表、互感器）"交由客户，并交代后续业务办理相关事项	告知客户电能表、互感器校验结论为合格的，不退还申请验表费
6		业务流程发送	将业务流程发送至下一环节	

二十七 集团户业务

业务说明：适用于集团客户电费发票出票维护的业务，包括新建集团户、终止集团户、调入集团户、调出集团户。

序号	业务类型	作业步骤	作业内容	注意事项
1	新建集团户	确认客户信息	接受客户申请，了解业务需求，审核申请资料	（1）客户只携带"加盖单位公章的业务申请表单"或"公章"办理业务的，应同步在档案系统内核查营业执照等证件资料是否在有效期内。在有效期内的，准予业务办理；已经失效的，在客户补充完善后有效证件资料后再予受理。 （2）优先提供营业执照，无营业执照的可提供组织机构代码证等。 （3）税务登记证中有一般纳税人资格认定的，可代替一般纳税人资格证书。 （4）集团户主户和所有子户的交费账号应一致，交费方式必须为代扣类交费方式，集团户申请前必须调整到位。 （5）集团户主户户名与营业执照上的名称一致。 （6）集团户主户户名与子户户名须一致。 （7）集团户主户与子户的发票类型须一致。 （8）集团户主户应具备一般纳税人资格并保证所有子户符合开具增值税发票的条件，方能开具增值税发票。 （9）对资料不齐全的，使用"用电业务办理告知书（集团户业务）"，在客户补充完善后再予受理

续表

序号	业务类型	作业步骤	作业内容	注意事项
2		指导填写 工作表单	指导客户填写"集团户业务办理申请单"、"集团户业务办理子户清单",双方签字盖章后,一份交客户,另一份归档	
3		实时录入 业务系统	在营销系统发起新建集团户流程,完成基本信息录入,建立集团户主户	
4	新建集团户	资料电子化	将客户提交资料、工作表单实时拍照上传档案系统	原件拍照、扫描录入档案系统,其中低压客户不需要另行复印存档,高压客户应将复印件存档
5		履行一次性 告知	告知客户调入的子户将与主户合并开票,如需取消合并开票,需办理集团户调出业务	
6		业务流程 发送	将业务流程发送至下一环节	
7		调入集团户	在新建集团户流程归档后,发起调入集团户流程	

续表

序号	业务类型	作业步骤	作业内容	注意事项
1	调入集团户	确认客户信息	接受客户申请，了解业务需求，审核申请资料	（1）客户只携带"加盖单位公章的业务申请表单"或"公章"办理业务的，应同步在档案系统内核查营业执照等证件资料是否在有效期内。在有效期内的，准予业务办理；已经失效的，在客户补充完善后有效证件资料后再予受理。 （2）优先提供营业执照，无营业执照的可提供组织机构代码证等。 （3）税务登记证中有一般纳税人资格认定的，可代替一般纳税人资格证书。 （4）所有子户和集团户主户的交费账号应一致，交费方式必须为代扣类交费方式，集团户申请前必须调整到位。 （5）子户户名与集团户主户户名须一致。 （6）子户与集团户主户的发票类型须一致。 （7）对资料不齐全的，使用"用电业务办理告知书（集团户业务）"，在客户补充完善后再予受理
2		指导填写工作表单	指导客户填写"集团户业务办理申请单"、"集团户业务办理子户清单"，双方签字盖章后，一份交客户，另一份归档	
3		实时录入业务系统	在营销系统中发起调入集团户流程，完成基本信息录入	

续表

序号	业务类型	作业步骤	作业内容	注意事项
4		资料电子化	将客户提交资料、工作表单实时拍照上传档案系统	原件拍照、扫描录入档案系统后，不再需要另行复印
5	调入集团户	履行一次性告知	告知客户调入的子户将与主户合并开票，如需取消合并开票，需办理集团户调出业务	
6		业务流程发送	将业务流程发送至下一环节	
1	调出集团户	确认客户信息	接受客户申请，了解业务需求，审核申请资料	（1）客户只携带"加盖单位公章的业务申请表单"或"公章"办理业务的，应同步在档案系统内核查营业执照等证件资料是否在有效期内。在有效期内的，准予业务办理；已经失效的，在客户补充完善后有效证件资料后再予受理。 （2）优先提供营业执照，无营业执照的可提供组织机构代码证等。 （3）税务登记证中有一般纳税人资格认定的，可代替一般纳税人资格证书。 （4）主户调出集团户后将终止集团户，集团户所有户号均不再合并开票
2		指导填写工作表单	指导客户填写"集团户业务办理申请单"、"集团户业务办理子户清单"，双方签字盖章后，一份交客户，另一份归档	

续表

序号	业务类型	作业步骤	作业内容	注意事项
3	调出集团户	实时录入业务系统	在营销系统中发起调出集团户流程，完成基本信息录入	
4		资料电子化	将客户提交资料、工作表单实时拍照上传档案系统	原件拍照、扫描录入档案系统后，不再需要另行复印
5		履行一次性告知	告知客户集团户发票应在集团户内所有客户电费结清后方可开具，开具时间在本单位当月应收电费关账日之后	子户调出后，对未出票的，子户将单独开票
6		业务流程发送	将业务流程发送至下一环节	
1	终止集团户	确认客户信息	接受客户申请，了解业务需求，审核申请资料	（1）客户只携带"加盖单位公章的业务申请表单"办理业务的，应同步在档案系统内核查营业执照等证件资料是否在有效期内。在有效期内的，准予业务办理；已经失效的，在客户补充完善后有效证件资料后再予受理。（2）优先提供营业执照，无营业执照的可提供组织机构代码证等。（3）税务登记证中有一般纳税人资格认定的，可代替一般纳税人资格证书
2		指导填写工作表单	指导客户填写"集团户业务办理申请单"、"集团户业务办理子户清单"，双方签字盖章后，一份交客户，另一份归档	

续表

序号	业务类型	作业步骤	作业内容	注意事项
3		实时录入业务系统	在营销系统发起终止集团户流程，完成基本信息录入	
4		资料电子化	将客户提交资料、工作表单实时拍照上传档案系统	原件拍照、扫描录入档案系统后，不再需要另行复印
5	终止集团户	履行一次性告知	告知客户集团户发票应在集团户内所有客户电费结清后方可开具，开具时间在本单位当月应收电费关账日之后	告知客户：集团户终止后，所有未开票的户号，将单独开票
6		业务流程发送	将业务流程发送至下一环节	

二十八 "两保户"业务

业务说明：适用于民政部门认定的"两保户"客户，自2012年7月1日起，登记每户每月15千瓦时免费用电、变更免费用电地址的业务。

序号	业务类型	作业步骤	作业内容	注意事项
1	"两保户"维护申请	确认客户信息	接受客户申请，了解业务需求，审核申请资料	（1）客户上次抄表日期在低保客户申请终止日期之前。 （2）对资料不齐全的，使用"用电业务办理告知书（'两保户'业务）"，在客户补充完善后再予受理。 （3）客户有欠费的（不包括当月电费），需交纳欠费后方可办理
2		指导填写工作表单	指导客户填写"城乡'低保户'、农村'五保户'免费用电登记表"，双方签字盖章后，一份交客户，另一份归档	租赁客户、合表客户，需确认与房东和其他合表客户就电费结算事宜达成一致
3		实时录入业务系统	在营销系统发起"低保户"维护申请流程，根据需要选择"新增"、"修改"和"删除"，完成基本信息录入	（1）集中供养的"两保户"终止时间需一致，以最近的时间为准。 （2）如遇到无明确"低保户"、"五保户"终止时间的，则终止时间按2099年处理，客户未申请撤销前都视同有效处理

续表

序号	业务类型	作业步骤	作业内容	注意事项
4	"两保户"维护申请	履行一次性告知	将"用电业务办理告知书（'两保户'业务）"交由客户，并交代后续业务办理相关事项	
5	业务流程发送	将业务流程发送至下一环节		
1	"两保户"退费申请	实时录入业务系统	待"两保户"维护申请流程归档后，发起"两保户"退费申请流程，完成基本信息录入后将业务流程发送至下一环节	

二十九 电费柜台收费

业务说明：营业人员在柜台以现金、POS机刷卡、支票、转账等结算方式，完成客户电费、违约金或预交电费的收交，并出具收费凭证的业务。

序号	业务类型	作业步骤	作业内容	注意事项
1		核实客户信息	根据客户提供的户号、户名或用电地址等相关信息，核实无误后，告知客户应交电费金额	
2		确认客户缴费方式	营业厅柜台收费方式一般有现金、POS机刷卡、支票、转账等	
3	电费柜台收费	收费	核实客户是否有陈欠电费，电费违约金与电费须同步计收。 （1）现金。 1）现金应当面点清、验清真伪，并唱收。 2）按实际收取的金额进行坐收操作。 （2）POS机刷卡。在客户核实刷卡金额后，打印凭条并回收客户签字的"商户存根"联。 （3）支票。 1）检查票面金额、日期及印鉴等是否清晰正确。 2）按实际收取的支票金额进行坐收操作。 （4）转账。 1）告知客户供电企业开户银行及账号。 2）与财务核对业务费款项是否到账。 3）确认到账后，按实际到账金额进行坐收操作	（1）客户在交纳逾期电费时，应同步支付违约金。逾期电费及违约金按先陈欠、后当年、再当月，由远及近的原则计算收取。 （2）向客户宣传电费充值卡、批扣等交费方式

续表

序号	业务类型	作业步骤	作业内容	注意事项
4	电费柜台收费	打印发票	（1）核对系统内发票编号与实物空白发票编号一致。 （2）采用机打方式打印发票	发票打印后，如发生差错需要重新开具的，必须收回原票据作作废（冲红）处理后，方可重新开具票据
5		现金找零	将电费发票及找零一并递交客户，并唱付	
6		解款及报表编制	（1）当日收费完毕后，对现金和各类票据进行清点。 （2）与营销系统实收信息核对无误后进行系统解款及"日结日清报表（电费）"打印。 （3）将当日收兑的现金、支票等解入指定银行	

三十 营业收费

业务说明：包括高可靠性供电费、临时接电费、电力负荷管理终端费、供电企业营业服务费等。

序号	业务类型	作业步骤	作业内容	注意事项
1		确认客户信息	（1）询问客户户号、户名、用电地址或业务流程号。 （2）在营销系统中核对户号、户名、用电地址等信息，查询应收项目及金额。 （3）核对收费依据和待收金额的有效性和正确性，避免错收、误收	
2	营业收费	收费	（1）现金。 1）现金应当面点清、验清真伪，并唱收。 2）按实际收取的金额进行坐收操作。 （2）支票。 1）仔细检查票面金额、日期及印鉴等是否清晰正确；核对支票金额是否与应收金额一致。 2）按实际收取的金额进行坐收操作。 （3）转账。 1）告知客户供电企业开户银行及账号。 2）与财务核对业务费款项是否到账。 3）确认到账后，按实际到账金额进行坐收操作	支票支付时，若付款人名称与用电户名不一致的，应提供用电户出具的委托付款证明并加盖公章

续表

序号	业务类型	作业步骤	作业内容	注意事项
3	营业收费	打印发票（收据）	（1）核对系统内发票（收据）编号与实物空白发票（收据）编号一致。 （2）采用机打方式打印发票（收据），并加盖发票专用章	（1）发票打印后，如发生差错需要重新开具的，必须收回原票据作废（冲红）处理后，方可重新开具票据。 （2）转账客户应及时通知客户前往营业厅领取发票（收据）。 （3）临时接电费，开具收款收据；对一般纳税人资格的高可靠性接电费开具增值税专票；对一般纳税人资格的申请校验费、用电变更手续费、售电装置检验费、复电费、供电方案更改费可选择开具增值税专票或冠名通用机打发票（货物服务销售）；对非一般纳税人资格的高可靠性接电费、申请校验费、用电变更手续费、售电装置检验费、复电费、供电方案更改费，以及其他业务费，如电力负荷管理终端费、城乡"一户一表"居民生活用电表后入户器材新装或改装费等统一开具冠名通用机打发票（货物服务销售）
4		现金找零	将业务收费发票及找零一并递交客户，并唱付	提醒客户妥善保存发票
5		原始凭证上传	进入"一体化"平台，将高可靠性供电费、临时接电费、电力负荷管理终端费收费凭证进行电子化并上传	

三十一 电费充值卡

业务说明：包括充值卡领用、销售、延期、换卡、报废。

序号	业务类型	作业步骤	作业内容	注意事项
1	领用	领用	营业厅电费充值卡管理人员负责电费充值卡的领用、保管，并分发给销售人员	
1	销售	确认客户信息	接受客户申请，确认购买金额	
2		收费	（1）现金售卡。现金当面点清、验清真伪，并唱收。 （2）POS机刷卡售卡。根据客户购买金额，使用POS机进行刷卡并确认	
3		售卡	根据客户需求选择不同面值的充值卡进行售卡操作，并打印发票	
4		打印发票	（1）核对系统内发票编号与实物空白发票编号一致。 （2）采用机打方式打印发票。 （3）需开具增值税发票的，按照增值税发票开具方式打印	打印发票时告知客户电费充值卡抵扣的电费金额不再开具电费发票
5		柜台充值	核对客户提供的电费户号、户名或用电地址等相关信息，无误后进行充值操作	除了柜台充值方式，可以向客户推荐其他充值方式，包括电话、短信、微信等充值方式

续表

序号	业务类型	作业步骤	作业内容	注意事项
6	销售	解款	（1）销售人员在当日销售完毕后，对现金、各类票据及库存电费充值卡进行清点。 （2）将销售款解入指定的电费专户。 （3）将当日收交的现金、支票等解入指定银行	未销售的电费充值卡等同现金保管
7	销售	报表编制	营业厅应按规定及时编制、上报电费充值卡业务统计报表	
1	充值卡延期	充值卡延期	（1）查看客户提供的电费充值卡是否为到期未充值状态。 （2）进行电费充值卡系统延期操作	因逾期被冻结的电费充值卡，激活后在延长期内继续使用，延长期为六个月
1	换卡	换卡	（1）确认是否因客户使用不当造成无法充值。 （2）请客户提供原卡和有效身份证明，填写"电费充值卡破损换卡处理单"，并凭原卡和有效身份证明调换相同面值的新卡，原卡办理报废手续	
1	报废	报废	（1）未销售的电费充值卡出现被盗、遗失、损坏、到期或其他原因可进行报废处理。 （2）填写"电费充值卡报废申请单"。 （3）本单位分管领导、市公司营销分管领导逐级审批同意后，由市公司财务部门在电费充值卡管理系统中作报废处理	

三十二 普通电费发票（清单）打印

业务说明：客户至供电营业柜台开具电费发票、打印电费清单或遗失发票补办、代售电费充值卡发票打印的业务。

序号	业务类型	作业步骤	作业内容	注意事项
1	开具电费发票（清单）	确认客户信息	在营销系统中核对户号、户名、用电地址等信息	（1）电费发生月起12个月内的发票均可打印（电费清单打印无此规定）。 （2）自然人客户提供缴费凭证提出发票打印需求的，应将发票号码、客户身份证件号码进行登记并让客户签收
2		打印普通发票（清单）	（1）发票。 1）核对系统内发票编号与实物空白发票编号一致。 2）采用机打方式打印发票，并加盖发票专用章。 （2）打印清单。采用机打方式在空白A4纸上打印清单，根据客户需求加盖业务受理专用章	（1）发票打印后，如发生差错需要重新开具的，必须收回原票据作废处理后，方可重新开具票据。 （2）发票打印后，应将客户主体资料存档
1	遗失发票补办	确认客户信息	在营销系统中核对户号、户名、用电地址等信息	
2		补打发票	采用机打方式在空白A4纸上补打发票并加盖发票专用章，登记客户身份证信息并签字确认	

三十三 营业费退费

业务说明：包括客户因装表临时用电销户退临时接电费，申请校验的电能表检定不合格退申请验表费；因在途流程终止等原因退用电变更申请手续费、高可靠性供电费、电力负荷管理终端费等。

序号	业务类型	作业步骤	作业内容	注意事项
1	营业费退费	确认客户信息	（1）核实客户提供资料是否齐全、有效。 （2）核实营业费收费记录，确认客户已交费	
2		退费处理	（1）发起业务费退费流程。 （2）由受理人员通过营销业务应用系统打印退款凭证，填写机外财务费用报销单，连同客户原始缴费凭证提交单位财务人员	若原付款单位和退款单位不一致时应让退款单位提供相关证明并加盖公章
3		原始凭证上传	进入"一体化"平台，将高可靠性供电费、临时接电费、电力负荷管理终端费收（退）费凭证进行电子化并上传	

三十四 变更发票邮寄地址申请

业务说明：客户电费发票采用邮寄方式的，当邮寄地址发生改变时向供电企业提出申请变更邮寄地址的业务。

序号	业务类型	作业步骤及内容	注意事项
1	变更发票邮寄地址申请	核实客户提供资料是否齐全、有效	（1）客户只携带"加盖单位公章的业务申请表单"或"公章"办理业务的，应同步在档案系统内核查营业执照等证件资料是否在有效期内。在有效期内的，准予业务办理；已经失效的，在客户补充完善后有效证件资料后再予受理。 （2）优先提供营业执照，无营业执照的可提供组织机构代码证等
2		填写"杂项业务申请单"并由客户签字（盖章）	
3		在营销系统内按客户申请的信息修改邮寄地址	告知客户，新地址从变更之日起的下电费结算月生效
4		将"杂项业务申请单"通过手工添加上传至档案系统	

三十五 客户档案维护

业务说明：客户档案维护信息包括用电地址、联系人、联系电话。

序号	业务类型	作业步骤及内容	注意事项
1	客户档案维护	在营销系统发起档案维护流程，按客户申请的信息修改相关内容后将流程发送至下一环节	（1）客户只携带"加盖单位公章的业务申请表单"或"公章"办理业务的，应同步在档案系统内核查营业执照等证件资料是否在有效期内。在有效期内的，准予业务办理；已经失效的，在客户补充完善有效证件资料后再予受理。 （2）优先提供营业执照，无营业执照的可提供组织机构代码证等
2		将"杂项业务申请单"通过手工添加上传至档案系统	

三十六 订阅或退订信息

业务说明：订阅或退订的信息指电量电费短信、停电信息。

序号	业务类型	作业步骤及内容	注意事项
1		核实客户请求信息	
2		填写"杂项业务申请单"并由客户签字（盖章）	
3	订阅或退订信息	在营销系统内按客户申请的信息作订阅或退订操作	
4		将"杂项业务申请单"通过手工添加上传至档案系统	

Part 4

应急应答篇 >>

应急应答篇针对营业厅工作人员日常工作中可能遇到的突发情况与紧急事件，按照"以防为主"的工作要求，提出了相应的解决方案，旨在提高营业人员的现场响应速度，保障营业厅在紧急情形下的服务质量，预防或最大限度减轻突发情况与紧急事件带来的影响与危害。

本篇所指现场紧急事件是营业厅工作人员无法准确预测，在服务客户的过程中如果处理不妥当，将直接影响工作质量和客户满意度，需立即处置的事件。所涉及的案例均是营业人员在日常服务过程中发生频率较高、具有一定代表性的事件。

1　2　3　4

应急应答处理原则十例

✔️ **五要**	❌ **五不要**
热情主动，以礼相待	情绪上岗，毫无礼数
预防为本，常备不懈	仓促应对，松懈懒散
考虑全面，关注细节	自作主张，疏忽大意
遇事不惊，灵机应变	混乱无序，临阵脱岗
总结汇报，共享经验	隐瞒实情，知情不报

一 突发事件应急处理十例

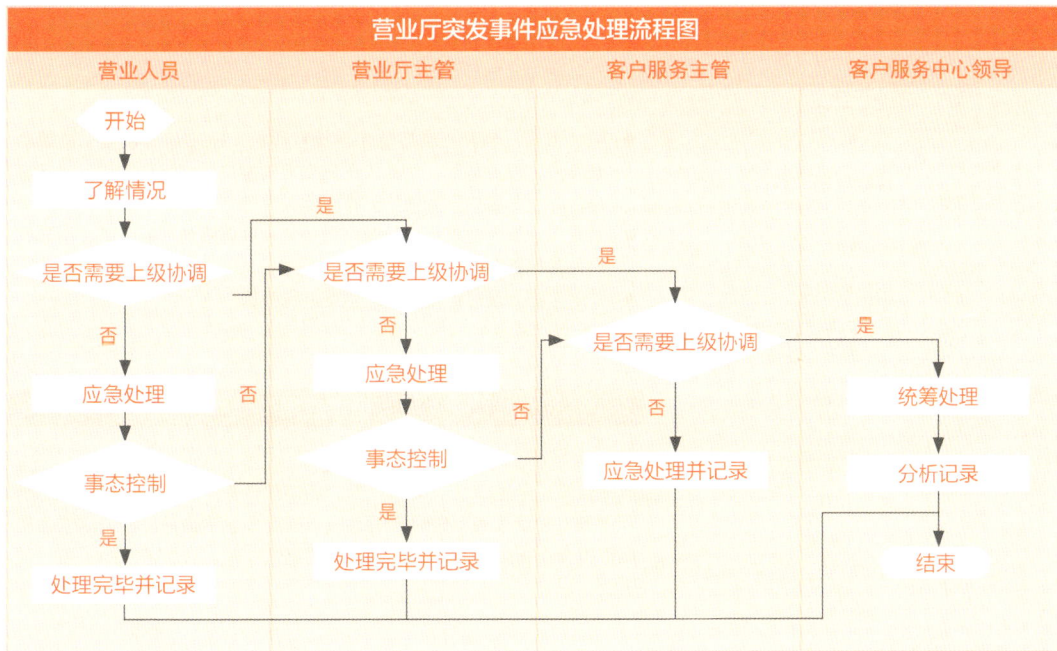

营业厅突发事件应急处理流程图			
营业人员	营业厅主管	客户服务主管	客户服务中心领导

开始

↓

了解情况

↓

是否需要上级协调 — 否 ↓

应急处理

↓

事态控制 — 是 ↓

处理完毕并记录

是 → 是否需要上级协调 — 否 ↓

应急处理

↓

事态控制 — 是 ↓

处理完毕并记录

是 → 是否需要上级协调 — 否 ↓

应急处理并记录

是 → 统筹处理

↓

分析记录

↓

结束

（一）柜台电脑故障

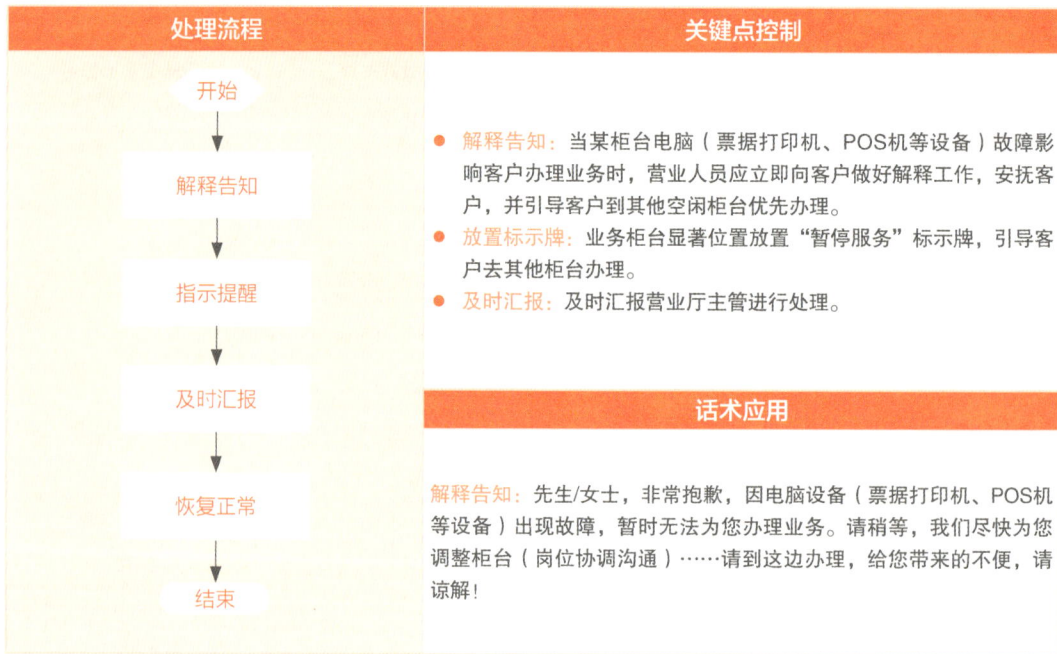

处理流程	关键点控制
开始 ↓ 解释告知 ↓ 指示提醒 ↓ 及时汇报 ↓ 恢复正常 ↓ 结束	● **解释告知**：当某柜台电脑（票据打印机、POS机等设备）故障影响客户办理业务时，营业人员应立即向客户做好解释工作，安抚客户，并引导客户到其他空闲柜台优先办理。 ● **放置标示牌**：业务柜台显著位置放置"暂停服务"标示牌，引导客户去其他柜台办理。 ● **及时汇报**：及时汇报营业厅主管进行处理。

话术应用
解释告知：先生/女士，非常抱歉，因电脑设备（票据打印机、POS机等设备）出现故障，暂时无法为您办理业务。请稍等，我们尽快为您调整柜台（岗位协调沟通）……请到这边办理，给您带来的不便，请谅解！

（二）业务系统故障

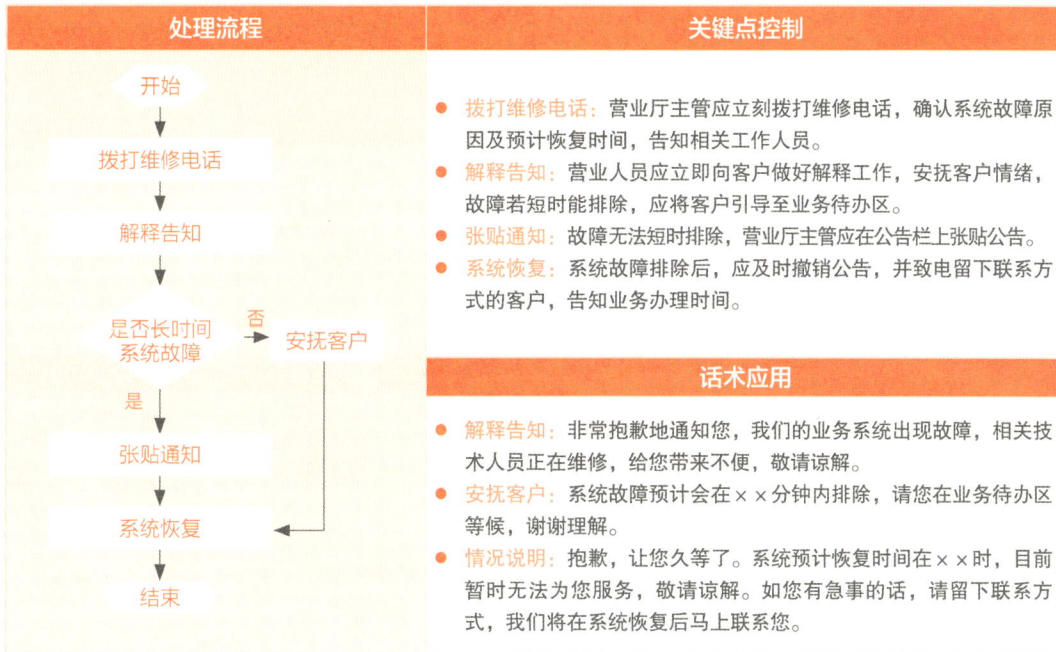

处理流程	关键点控制
开始 ↓ 拨打维修电话 ↓ 解释告知 ↓ 是否长时间系统故障 —否→ 安抚客户 ↓是 张贴通知 ↓ 系统恢复 ↓ 结束	● **拨打维修电话：**营业厅主管应立刻拨打维修电话，确认系统故障原因及预计恢复时间，告知相关工作人员。 ● **解释告知：**营业人员应立即向客户做好解释工作，安抚客户情绪，故障若短时能排除，应将客户引导至业务待办区。 ● **张贴通知：**故障无法短时排除，营业厅主管应在公告栏上张贴公告。 ● **系统恢复：**系统故障排除后，应及时撤销公告，并致电留下联系方式的客户，告知业务办理时间。

话术应用

● **解释告知：**非常抱歉地通知您，我们的业务系统出现故障，相关技术人员正在维修，给您带来不便，敬请谅解。

● **安抚客户：**系统故障预计会在××分钟内排除，请您在业务待办区等候，谢谢理解。

● **情况说明：**抱歉，让您久等了。系统预计恢复时间在××时，目前暂时无法为您服务，敬请谅解。如您有急事的话，请留下联系方式，我们将在系统恢复后马上联系您。

（三）客户排队数量激增

处理流程	关键点控制
开始 ↓ 安抚客户 ↓ 汇报上级 ↓ 引导分流 ↓ 结束	● **安抚客户**：当营业厅客户数量激增时，应先安抚客户，引导客户到业务待办区等待。 ● **汇报上级**：立即向营业厅主管汇报。 ● **引导分流**：营业厅主管应立即采取相应措施分流客户，及时增开营业柜台，引导客户至自助服务区办理。

	话术应用
	● **安抚客户**：先生/女士，不好意思，现在排队的人比较多，请您先在业务待办区等候。 ● **引导分流**：先生/女士，我们已经增开营业柜台，尽快为您办理，给您带来的不便，敬请谅解。

（四）客户情绪激动

处理流程	关键点控制
开始 安抚情绪 提出解决方案 否 是否达成一致 是 结束	• **委婉解释：**当客户的要求与政策法规或企业制度相悖，发生纠纷时，营业人员要向客户耐心解释，争取客户理解，与客户沟通时应语言委婉、语气诚恳，不与客户发生争执。 • **请求协助：**当客户情绪过激，不接受营业人员解释，对正常营业秩序造成影响时，请引导员协助，迅速引导客户至洽谈室。

	话术应用
	（如果因营业人员的失误导致客户情绪激动） • **合理解释：**××先生/女士，您好！因我们的疏忽给您带来的不便，我们深表歉意！我们会尽快帮您办理好相关业务，请您稍等。（如果客户接受），谢谢您的谅解。 （如果客户拒不接受） • **委婉解释：**不好意思，我们已经了解了您的问题，您可以尝试通过……解决这个问题。有任何我们可以做的，我们一定尽力帮您解决，谢谢您的配合。 • **引导接待：**××先生/女士，我们会向相关部门反映，看有没有其他的解决方法，您看这样可以吗？（如果客户接受），这边请……

（五）营业中突发停电

处理流程	关键点控制
开始 ↓ 记录流程 ↓ 汇报主管 ↓ 安抚客户 ↓ 张贴公告 ↓ 现场处理 ↓ 跟踪记录 ↓ 结束	● **记录流程**：突发停电时，营业人员应立即手工记录正在处理的业务流程信息。 ● **汇报主管**：立即向营业厅主管汇报，说明情况。 ● **安抚客户**：营业人员向现场客户说明情况，耐心解释。 ● **确认情况，现场处理**：营业厅主管及时向有关部门确认情况，联系维修人员处理。组织人员安抚客户，告知客户预计来电时间。 ● **张贴公告**：在营业厅显著位置张贴《关于突发停电暂时无法办理业务的致歉公告》，并在柜台放置"暂停服务"标示牌。 ● **后续跟踪，做好记录**：故障处理完成后，应认真做好故障处理措施记录。及时电话联系客户前来办理业务或提供上门服务。

话术应用

- **安抚客户：**（短时间内可以恢复营业）先生/女士，非常抱歉！突发停电给您带来不便，请您谅解！我们已联系相关技术人员进行处理，将尽快恢复供电。请您拿好自己的叫号单，在业务待办区稍事休息，感谢您的理解与配合。

  （若短时间内不能恢复营业）先生/女士，非常抱歉，由于短时无法恢复供电，我们暂时无法为您办理业务，您可以留下联系方式，恢复供电后我们会尽快通知，感谢您的理解与配合。

（六）营业厅局部临时施工

处理流程	关键点控制
开始 ↓ 放置警示牌 ↓ 安抚客户 ↓ 沟通协调 ↓ 清理垃圾 ↓ 结束	● 放置警示牌：在营业厅显著位置放置警示牌，"施工中，非工作人员请勿进入"，做好必要的安全防护措施。 ● 安抚客户：如果现场施工对客户办理业务造成影响，营业人员应立即表示歉意，说明施工队伍会尽快完工，请客户谅解。如果客户难以接受嘈杂的环境，安排客户到洽谈室或远离施工区域的地方休息，同时尽快为客户办理好业务。 ● 沟通协调：营业人员向营业厅主管汇报现场情况，请主管与施工单位沟通协调，尽可能避开营业高峰期，在下班或节假日进行施工。 ● 及时清理垃圾：营业厅施工时产生的垃圾应及时清理，同时积极采取相应措施尽可能减少噪声和灰尘。
	话术应用
	● 安抚客户：先生/女士，营业厅现场施工给您带来了不便，请您谅解！您可以先到洽谈室休息。我们会尽快安排为您办理业务，感谢您的理解。

（七）发生治安事件

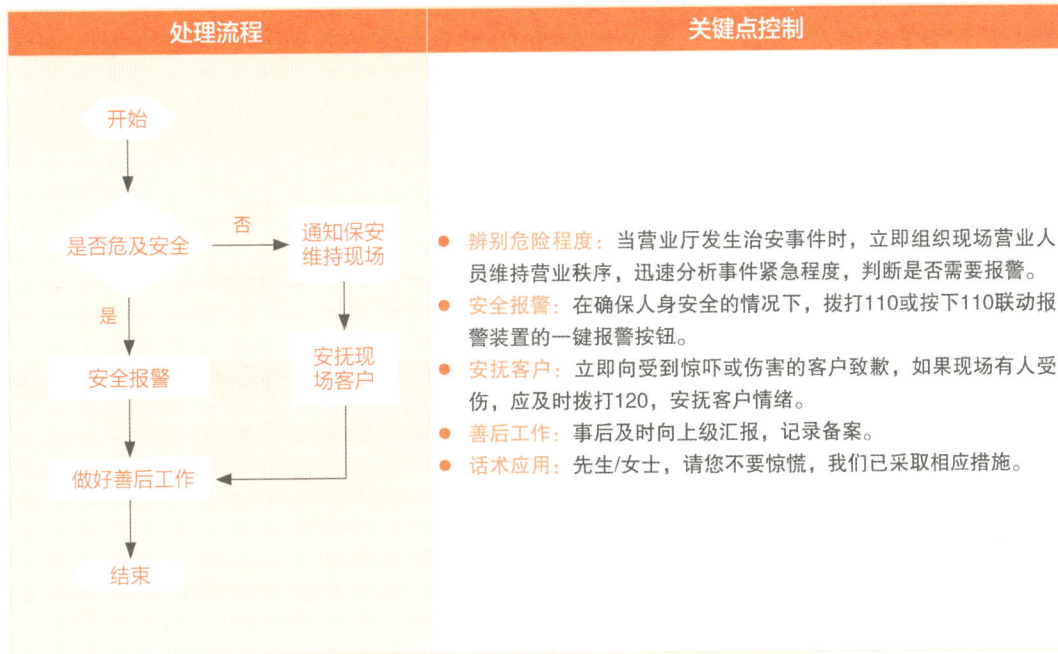

处理流程	关键点控制
开始 是否危及安全 ——否→ 通知保安维持现场 是↓ ↓ 安全报警 安抚现场客户 ↓ 做好善后工作 ←———— ↓ 结束	● **辨别危险程度**：当营业厅发生治安事件时，立即组织现场营业人员维持营业秩序，迅速分析事件紧急程度，判断是否需要报警。 ● **安全报警**：在确保人身安全的情况下，拨打110或按下110联动报警装置的一键报警按钮。 ● **安抚客户**：立即向受到惊吓或伤害的客户致歉，如果现场有人受伤，应及时拨打120，安抚客户情绪。 ● **善后工作**：事后及时向上级汇报，记录备案。 ● **话术应用**：先生/女士，请您不要惊慌，我们已采取相应措施。

（八）营业厅突发疾病

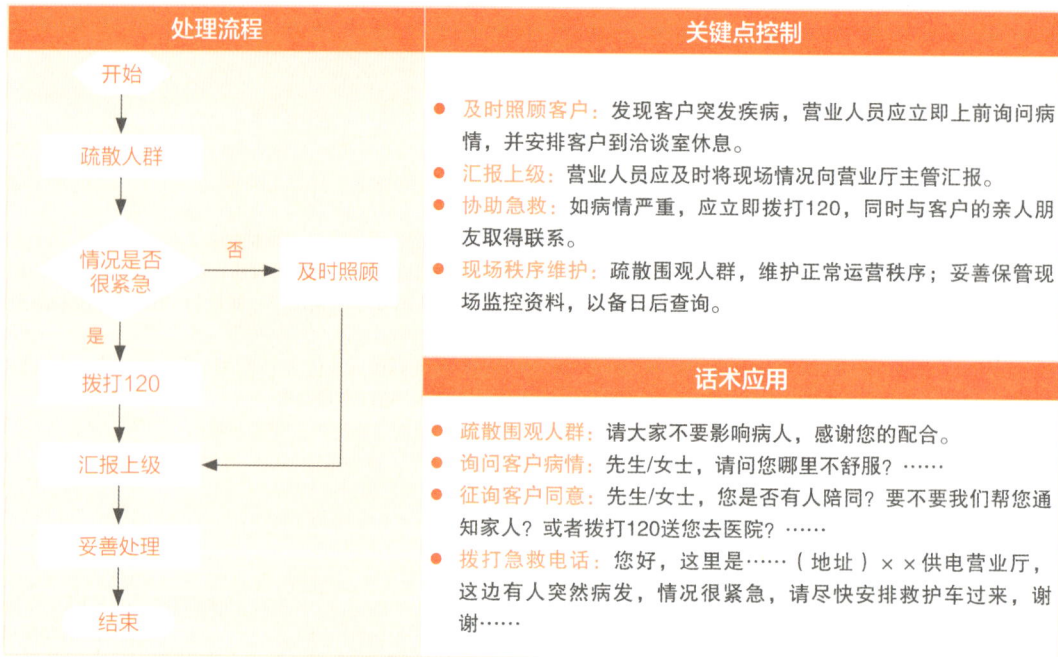

处理流程	关键点控制
开始 疏散人群 情况是否很紧急 ——否——→ 及时照顾 ↓是 拨打120 ↓ 汇报上级 ←———————┘ ↓ 妥善处理 ↓ 结束	● **及时照顾客户**：发现客户突发疾病，营业人员应立即上前询问病情，并安排客户到洽谈室休息。 ● **汇报上级**：营业人员应及时将现场情况向营业厅主管汇报。 ● **协助急救**：如病情严重，应立即拨打120，同时与客户的亲人朋友取得联系。 ● **现场秩序维护**：疏散围观人群，维护正常运营秩序；妥善保管现场监控资料，以备日后查询。
	话术应用
	● **疏散围观人群**：请大家不要影响病人，感谢您的配合。 ● **询问客户病情**：先生/女士，请问您哪里不舒服？…… ● **征询客户同意**：先生/女士，您是否有人陪同？要不要我们帮您通知家人？或者拨打120送您去医院？…… ● **拨打急救电话**：您好，这里是……（地址）××供电营业厅，这边有人突然病发，情况很紧急，请尽快安排救护车过来，谢谢……

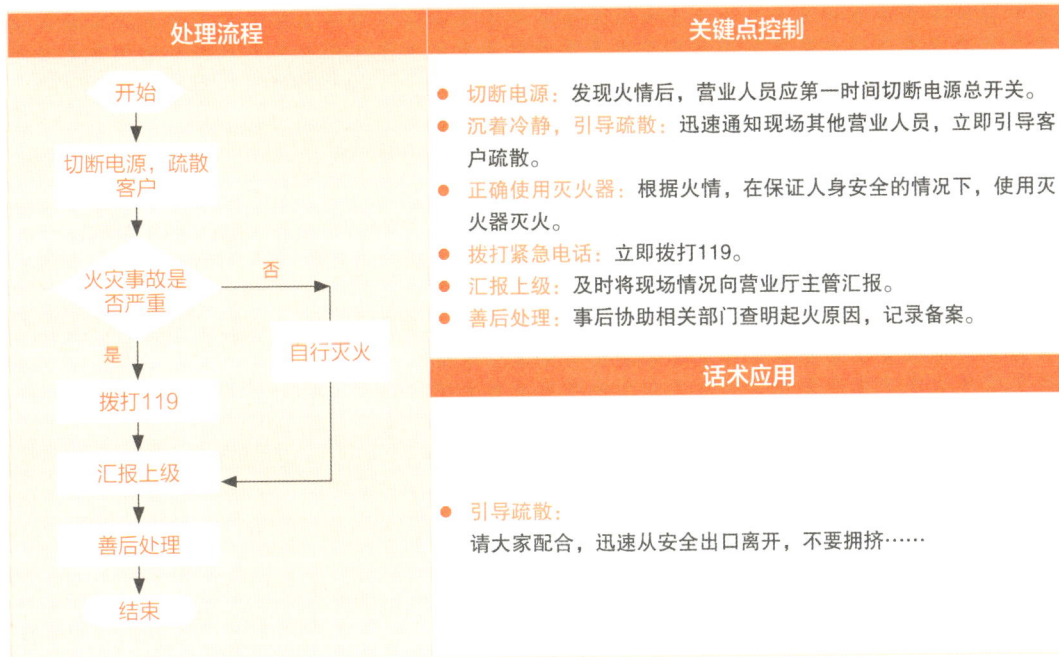

（九）火灾事故

处理流程	关键点控制

处理流程：

开始
↓
切断电源，疏散客户
↓
火灾事故是否严重 ——否—→ 自行灭火
↓是
拨打119
↓
汇报上级 ←————
↓
善后处理
↓
结束

关键点控制：

- 切断电源：发现火情后，营业人员应第一时间切断电源总开关。
- 沉着冷静，引导疏散：迅速通知现场其他营业人员，立即引导客户疏散。
- 正确使用灭火器：根据火情，在保证人身安全的情况下，使用灭火器灭火。
- 拨打紧急电话：立即拨打119。
- 汇报上级：及时将现场情况向营业厅主管汇报。
- 善后处理：事后协助相关部门查明起火原因，记录备案。

话术应用

- 引导疏散：
  请大家配合，迅速从安全出口离开，不要拥挤……

（十）律师、媒体来访

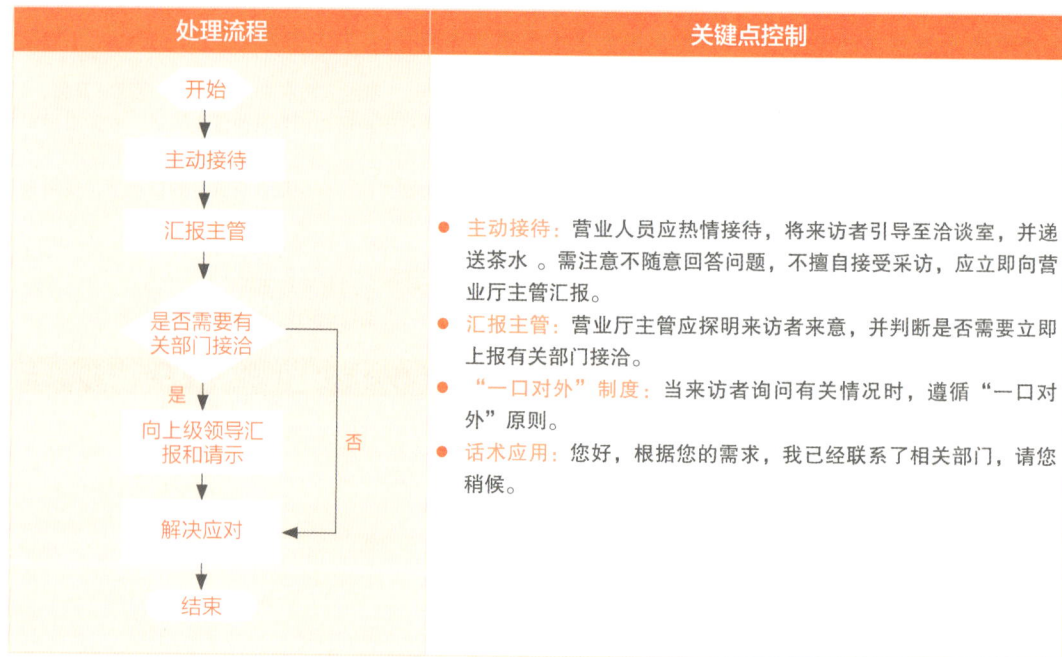

处理流程	关键点控制
开始 ↓ 主动接待 ↓ 汇报主管 ↓ 是否需要有关部门接洽 是 ↓　　否 向上级领导汇报和请示 ↓ 解决应对 ↓ 结束	● 主动接待：营业人员应热情接待，将来访者引导至洽谈室，并递送茶水 。需注意不随意回答问题，不擅自接受采访，应立即向营业厅主管汇报。 ● 汇报主管：营业厅主管应探明来访者来意，并判断是否需要立即上报有关部门接洽。 ● "一口对外"制度：当来访者询问有关情况时，遵循"一口对外"原则。 ● 话术应用：您好，根据您的需求，我已经联系了相关部门，请您稍候。

二 典型场景应答十例

（一）客户未叫号要求提前办理业务

问

我事情比较急，能不能先帮我办理？

答

　　××先生/女士，您好！能否告知紧急的原因……

　　（如客户确实有非常紧急的理由）请让我征得其他客户同意后为您办理。

　　（如客户理由不充分）不好意思，这样会影响到其他客人正常办理。请您排队等待叫号，我们将尽快为您提供服务，谢谢您的配合！

（二）客户询问业务进程

问 我想查询一下××业务办理的进展情况，办理完这项业务还需要多长时间？

答 ××先生/女士，请您先提供一下户号和用电地址，请稍等，马上为您查询……让您久等了，您的业务目前进行到××环节了。在您及时办妥相关手续的情况下，预计还需要×个工作日，请耐心等候。请问还有什么可以帮到您？下次如有不清楚的地方，也可拨打供电服务热线95598查询。

（三）客户资料不全要求办理业务

问 我资料没带全，你们能先帮我办理吗？

答 ××先生/女士，您好！您需要办理的这项业务，须提供……这些材料，我们才能接受您的业务申请。如果您的材料不齐全，我们将无法准确、完整录入您的信息，请您谅解！谢谢配合。

197

（四）客户反映本月电费突增

问 这个月电费怎么突然增多？

答 您好，请提供一下您的户号，我先帮您查询一下……（经分析，如与同期电量变化不大）家用电器季节性用电有可能造成电费增加……我建议您可以再观察一段时间。如确有需要，我们可以安排工作人员为您上门检查。

（五）客户对违约金提出异议

问

我这笔电费为什么要收违约金？

答

　　××先生/女士，您好！您这笔电费逾期了，根据《供电营业规则》规定，超过交费截止日期是要收取违约金的……建议您订阅电费提醒短信，以便及时了解电费信息，按时交费，避免产生违约金。

（六）客户对电能表计量有疑问

问 你们的电表怎么越走越快？

答 ××先生/女士，您好！请提供一下您的户号，我先帮您查询一下……（经分析，如与同期电量变化不大）根据国家规定，电表安装前均需经过严格的检定，合格后方可安装。请您再观察一段时间，如对电表运行有疑问，请联系我们，我们可为您提供上门检查服务。

（七）客户咨询其他交费方式

问 每次去银行交费排队时间太长，有没有其他更快捷的交电费的方式？

答 ××先生/女士，您好！现在电费交纳方式有很多种，建议您可以到银行办理电费委托代扣，只需要在银行卡里存入足够金额，每月电费就可自动代扣。另外，您也可以选择购买电费充值卡，或通过支付宝和网银系统在网上交费。

（八）客户在业务办理中出现抱怨情绪

问

你们怎么这么慢，这么久还没办好？

答

　　××先生/女士，不好意思，让您久等了。因您办理的业务需要××个环节，预计还需要××时间。请您谅解！我将加快为您办理。

（九）客户索要领导联系方式

问 你们领导的联系电话是多少？

答 ××先生/女士，您好！××领导正在……无法第一时间与你联系，方便的话，请您留下联系方式，我们会尽快转达，谢谢您的理解！

203

（十）客户询问非营业时间是否可以办理业务

问

你们下班这样早，没有办法办理业务了？

答

××先生/女士，您好！我们柜台服务时间是每天早上8：30至下午16：30，节假日和双休日均正常营业。同时，我们营业厅还设立了24小时自助服务区，可以为您服务。